JN024134

50代で一足遅れてフェミニズムを知った私がひとりで安心して暮らしていくために考えた身近な政治のこと

WADA SHIZUKA
和田静香

左右社

50代で一足遅れてフェミニズムを知った私がひとりで
安心して暮らしていくために考えた身近な政治のこと

第四章 選ばなかった「妻」「母」の道

第五章　おしゃべりから始まる抵抗

はじめに
老いているのだ、着々と。

ことのほか暑さの厳しかった2022年コロナ禍三度目の夏、気がついたら私は57歳になっていた。なぜだか朝に夕に身体のあちこちがこわばり、疲れやすく、動悸が激しい。しばらくクヨクヨ悩んでから病院に行き、「とくに問題はないです」と言われたものの、医師と相談して定期的に薬を飲むことになった。小さな錠剤をぷちんと毎朝1粒取り出すたび、「年をとってきたのかもしれない」と思った。

年齢で人をくくるのは良くない。それはエイジズムであり、偏見だ。とはいえ年相応に体に気配りして暮らす大切さを、ひしひしと感じた。ついこのあいだ「サンキューおやさい39歳」とか笑っていたのに。ライターの仕事が激減して、コンビニでバイトを始めた時私は44歳だった。初めてレジの向こう側に立った時の焦る気持ちは、掌《てのひら》に汗をかきそうなほどリアルに覚えている。そのころから私は何ひとつ変わっていないはずが、どうやら確実に変わっている。

老いているのだ、着々と。

以前は母に「靴下を履きなさい」と言われるのがうっとおしく、あっちこっちに脱ぎ散らかしていたのを毎日しっかり履くようになった。千葉県勝浦市に住んでいたおじいちゃんが、真夏でも家の中で毛糸の帽子をかぶっていたのは「正解」だと知った。冷えが即、痛みになって襲ってくる。

そしてここ数年、明け方4時ぐらいにときどき目が覚めていたのがより頻繁になった。夜なのか朝なのか、どっちつかずで落ち着かない空気が流れる時間帯に目が覚めると、心は振り子のように揺れ動き、心臓がバクバク音を立てている。深呼吸し、胸をさするけれど、不安がむくむくとふくらんでいく――今日はひとりでなんとか暮らしていても、そのうちいろんなことが大儀になり、ふだんの生活そのものが難しくなるのかも？ 私はひとり暮らしでずっと働き続けたいけど、可能なのだろうか？ 住まいはどうなるんだろう。借り続けることはできるだろうか？ ああ、どうしよう、どうしよう。なんとかしなきゃ。

居ても立ってもいられない気持ちになってやみくもに立ち上がり、こわばる足を引きずって台所に行き、ヤカンにジャーッと蛇口から水を注ぎ、シュンシュン沸かし、マグカップでフウフウ言いながらゴクゴク飲む。スマホを開いて無意味にツイッターなど見つめる。ツイ廃か？ ふーっ。

少し、思い直す。私がひとりあたふたし、「なんとかしなきゃ」じゃない。私のようにひとりで暮らす女性が、年をとっても安心して生きられる社会であるべきなのだ。私自身が変わるのではなく、社会がそういう風になるよう声をあげていきたい。コロナ禍で絶望の淵に立った時、初めて政治を真剣に考えた本を2冊も書いた私が学んできたことは、それじゃないか。

個人的なことは政治的なこと——長くフェミニズムで言われてきたスローガンだ。私たち女性が日々の生活で感じる個人的な悩みには、実は政治が深く関わり、構造的な問題がそこに横たわっている。それを自分の胸にストンと落としたい。自分が暮らしやすくなるよう、社会をトントン補修工事していく。私が社会に、政治に、参加していくことこそ大切なのだ。

そうだ、社会を、政治を変えるのは、私だ。でも、どこに向けて声をあげたら届くんだろうか？　そもそも私はどうしたい？　年をとっていく私が未来に向かって安心して暮らせる社会は、どういうもの？　どうしたら作れるんだろう？

気がつけば57歳になって、60歳も目前だ。今日を生きることに必死すぎて明日は考えられず、老後の生活とやらには知らん顔をしてきたけど、「自分は高齢者だ」と自覚せざるを得ない時が迫っていることを痛切に感じ、焦る、焦る。はー、ふー（深呼吸）。いや、焦らないで、まずは、靴下を履こう。そして、じっくりと、私のこれから先の暮らしを考えていくことにしよう。私はそう、決意していた。

装画
いちろう
装幀
アルビレオ

第一章
私はフェミニズムを知らず、間違え、苦しんできた

コロナでバイトをクビに。我が人生、詰みにけり

それで私は東京・新宿から「湘南新宿ライン」に乗って1時間15分、神奈川県西部にある大磯駅に降り立った。2022年4月末のことだ。

何を唐突に言っているのか？　ごめんなさい。だいぶ端折《はしょ》り、時間が逆行しました。順を追って話します。

遡ること2021年の夏、私は『時給はいつも最低賃金、これって私のせいですか？　国会議員に聞いてみた。』という、やたら長いタイトルの本を出した。衆議院議員の小川淳也さんと対話を重ねて作ったこの本は、「ひとり暮らす中年女性である私の生きづらさをどうしたらいいのか、さっぱりわからないんですけど？」という、むやみな問いかけから始まっている。

いきなり国会議員にそんなことを聞きに行ったけれど、元々政治に関わる仕事をしていたわけではない。19歳で主に音楽について書くフリーランスのライター業をぼちぼち始め、二十代、三十代はバブルな時代とも重なって、なんとかやっていた。40歳を越えるころから生計を立てるのがだんだんと難しくなり、冒頭にチラッと書いたようにアルバイトとの二本立て生活を送ってきた。ライターとしては、徐々にそうした迷走する我が人生を書くようになった。独身で、ひとり暮らし。コロナが流行る前にはバイトを二つかけ持ちして西へ東へ自転車をグォーッと漕いで、昼に夜に働いていた。仕事が終わった夜9時近く、売れ残って値引きされたお弁当を買ってはホクホクして家へと帰る。そういう人は今、いっぱいいるだろう。正直、やってる時は「ああ、これで家賃が払える」とホッとして悲壮感はないのだが、身体が疲れて疲れてたまんなかった。

それがコロナ禍直前に一つクビになり、直後にもう一つもクビになってしまい、我が人生、ここで詰みにけりと感じた。もはや「書く」以外に道はなし、と腹をくくったとも言える。どん底の「底」で、私は書くことを決めたんだ。そして始めた小川さんとの対話、本作りは、私の人生を賭けたものだった。政治なんて何ひとつわからないけれど、でも、考え、尋ね、また考えた。生きづらさは私のせいじゃなく、日本社会の構造に原因があり、それを変えていくために私たち市民こそ政治へ参加していこう！　そう学んだつもりだ。

とはいえ、パニクるとすぐ忘れ、そして、また思い出す。その繰り返しだ。

そうした対話の中で一度「女性の働き方」、とくに「女性の非正規雇用労働者は男性の倍以上」をテーマに話し合ったことがある。小川さんに尋ねる前にまず「雇用すら不安定なのに〝輝け〟って言われることが女性を苦しめている」と、私が話をした。

覚えていますか？　２０１２年、第二次安倍政権のスタートと共に当時の安倍晋三首相が、「すべての女性が輝く社会を推進する」と発表したことを。これは女性を幸せにする！というような政策では決してない。女性は家事や育児に介護、家庭の無償ケア労働も引き続きよろしくＮｅ！　それと同時に外に出て働いて賃金を得て、経済をぐるぐる回してくださいＹｏ！という、ムチャ振りな成長戦略だった。ムチャすぎるので、ラップ語尾にしてみました。しかし、それを〝輝く〟って呼んでいたんだから、世にも奇妙な物語すぎる。何ですか、それ？と眉根をひそめて聞きたい。

さらに２０１５年８月、安倍政権は「女性活躍推進法」を成立させる。これは女性が働きやすい環境づくりについて、企業側に一定の認識を変えさせはしたらしいけれど、それとて一部上場企業とかの正規雇用においてだけの話じゃなかろうか。２０１５年当時、総務省の「労働力調査」によると、役員を除いた雇用されて働く全女性２３８８万人の内、１３４５万人が非正規雇用だった（56.3％）。半数しか正規雇用がいない中、その実効性は疑わしいし、かえって輝きたくても輝けない非正規の女性たちが「私は輝けないダメな人間だ」と自己卑下し、自らを追い詰めていったのは私自身が実感していた。ちなみに2022年では、非正規雇用で働く女性は1432万人（53.4％）だ。

ああっ！　女性残酷物語かよっ！　こんな話を2021年初めごろ、まさにそのおひざ元、国会の議員会館で私はしてたんだ。この私こそが、バイトかけもちで、その帰り道には売れ残りのお弁当を半額で買ってはホクホクする、一瞬も輝けないと感じていた当事者だというのに！　そして私の演説（？）が終わってから「この正規雇用と非正規雇用の割合の男女差、これでいいと思ってますか？」と、乱暴な口ぶりで問い詰めるように聞いた。すると、「いいとは思っていません」と前置きがあってから、非正規雇用の在り方をどう変えていくかを小川さんが語った。

ふむふむ政策を聞きながら、その答えになんだかモヤる。政策には頷けても、もっと働く私たちに寄り添ってよ！と思ったし、「なんで社会はこうなんだろう？」という女性が女性ゆえに背負わされる疑問が小川さんにははっきりと見えていない気がした。寄り添いに関してはその後に小川さんへ手紙を書いて、それからのやりとりを本に書いた。でも、「なんで社会はこうなんだろう？」という疑問を、たとえベテランの政治家であっても男性である小川さんに「どうしてそうなると思いますか」と尋ねるのは違うかなぁ〜と思ってしまった。今になれば、だからこそ聞けばよかったと心残りだ。

そもそも女性と男性では同じ権利や選択肢があってしかるべきなのに、「そうじゃないとき」が多いと思う。しかも、「そうじゃないとき」が多いなんて言うと、「べつに男だからとか女だからとか関係ないだろう?」とムッとされることがある。でも、「そうじゃないとき」が多いのはどうしてなのか? 本当は私たち、男性ともていねいに話しあっていくべきだ。聞いても答えなんて出てこないかもしれない。時には怒鳴られ、イヤな思いをするかもしれない。でも、それを重ねていくことで、あなたにも関係あることなんですよ!とわかってもらうことが大事だと思う……。言うは易し行うは難しなので、こう書くことで、よろしくご理解頼んだYo! 強い期待を込めて、ラップ語尾にしました。

#MeToo運動は遠い外国のこと

しかし、そう言っている私自身がかつて自分には「そうじゃないとき」なんて、ないと思い込んでいた。「女性だからってことでとくにイヤな目に、私は遭ったことない」と言う人がいるけれど、それは私でしたとおずおず挙手をする。ハッと目を開かされたのは、

2019年1月。俳優でアクティビストの石川優実さんが、職場で女性だけがヒールのあるパンプスを履くことが義務付けられているのはおかしいと訴えた、#KuTooの一連のツイートだ。ずいぶんと最近ですね？　はい、そうなんです。

その前に#MeTooムーブメントの風が吹いていたころは、「へ〜？」と他人事に見ていた。#MeTooとは、「私も被害者である」と発信することで性暴力やセクハラを告発する運動のことだ。2017年にアメリカで始まり、世界に広がった。フランスを代表する俳優カトリーヌ・ドヌーヴが「被害の告発が今日あらぬ方向に大きな影響をもたらしています」と#MeTooを批判して大炎上した発言を読んで、そうだよね、彼女たちは被害者だからってさ、ちょっと言いすぎだよねなんて私は言って、声をあげた女性たちを批判していたんだ。石川さんの『#KuToo　靴から考える本気のフェミニズム』（現代書館）に「女性差別は必要悪だと思ってる系」というコラムがあるが、自分はまさにそれだったと思う。

たとえば私は元々音楽ライターだけど、カナダのシンガーソングライター、アラニス・モリセットが1995年に大ヒットさせた『ジャグド・リトル・ピル』というアルバムが大好きだった。ドスの効いた歌唱で自分の感情を思うままに発露させ、女性の表現の幅を広げた一人だ。私はとにかくその声にホレこみ、カッケー！と絶賛していた。なのに周囲の音楽評論家たちが彼女の歌を「女のヒステリー」呼ばわりする声が聞こえると、「やばいやばい、私ってズレてる？」と一緒になって「いるよね、こういう女性。人のせいにして怒ってばかり」とか、したり顔で原稿に書いた。ずっとそんなだった。

でも、#ＫｕＴｏｏに出会い、目を開かされた。#ＫｕＴｏｏとは、靴と苦痛と#ＭｅＴｏｏをかけあわせている。「私はいつか女性が仕事でヒールやパンプスを履かなきゃいけないという風習をなくしたいと思ってるの。専門の時ホテルに泊まり込みで1ヶ月バイトしたのだけどパンプスで足がもうダメで、専門もやめた。なんで足怪我しながら仕事しなきゃいけないんだろう、男の人はぺたんこぐつなのに。」という石川さんのツイートは、バイトとか、専門（学校）とか、パンプスがダメとか、私に身近な言葉だから共感できた。#ＭｅＴｏｏが巻き起こったころはバイトをクビになり、お金のことで悪戦苦闘していたのでそれどころじゃなかったとも言えるし、共感する言葉に出会えてなくて、今ひとつ乗れなかったのかもしれない。遠い外国のことだと思っていた。

とはいえ、#ＫｕＴｏｏでフェミニズムを知り、あれこれ本を読んで学び始めると、けっこう苦しかった。新しい概念が入ってきて、自分の過去の行動や考え方を「あれは間違えていた」と否定することになる。石川さんのトークイベントへ行って聞いた考え方に、シューンと落ち込んだりもした。

自分にかかる重みをズシリ感じることはあっても、フェミニズムの言葉を知らず、故に概念を知らず、苦しいことがあたりまえで、その原因が「女性だから」とは微塵も思わなかった。何かあれば、たちまち「わきまえて」自ら一歩引き下がる。「わきまえない」女性のことは罵る。ずっとそうしてきたと思う。私は知らなくて、間違えて、苦しんできた。

今こそ、ゆっくり思い出していきたい。女性と男性では同じ権利や選択肢があってしかるべきなのに、「そうじゃないとき」はいっぱいあって、私を息苦しくした。

1985年、私はラジオ番組への投稿が縁で、音楽評論家で作詞家の湯川れい子さんの東京・四谷にあった事務所兼自宅で、アシスタントのアルバイトを始めた。高校生のころから湯川さんのラジオ番組「全米トップ40」(ラジオ日本)にせっせとハガキを書く、ハガキ職人だったんだ。あるとき、「就職試験にぜんぶ落ちちゃってー」とハガキの隅に書いたことから、湯川さんが「うちでバイトしませんか?」と声をかけてくれた。びっくりして棚からぼたもちがぼたぼたと大量に降ってきたと思った。

当時、湯川さんは「恋におちて」や「六本木心中」といった歌が相次いでヒットし、作詞家として超のつく売れっ子だった。しかも音楽評論家としてもテレビや雑誌に新聞とあらゆる媒体から引っ張りだこで、朝から晩まで仕事に追われ、まさに息もつけないほど。

当然、家事や子育てといった家庭内のケア労働には自らお金を払い、多くをお手伝いさんやベビーシッターさんに任せていた。夫と小学校低学年の息子がいたが、夫はいわゆる昭和の男性像そのもの。ケア労働には我関せずで、湯川さんにほぼ任せっきり。「今夜、夫婦共に出かけるけど、息子と一緒に誰が家で留守番するのか」ということを心配するのは、仕事に追われ、原稿を必死に書く、湯川さんの役目だ。おじいちゃんとかおばあちゃんとかシッターさんに電話して、「今夜いらしてもらえますか？」とお願いするのは私の仕事の一つだった。土曜、日曜、時には私も呼ばれ、息子やその同級生らのサッカーの相手をしたりもした。

ちょうどそのころ「男女雇用機会均等法」（１９８５年）が成立し、「働く女性」が世間をにぎわすキーワードになっていた。テレビで、スーツ姿で働く女性たちの姿が何度も特集されていたのを覚えている。当時四十代だった湯川さんは、まさにロールモデルの一人だったと思う。働く女性、その最先端にいた。

時はバブルへと突入したころである。本屋さんやコンビニに並ぶ商業雑誌はもちろん、得意先に配るものなのか？　企業のＰＲ誌なるものがたくさん発行されており、湯川さんのもとには、そういうところから次々インタビューのオファーが舞い込んでいた。「はい、いいですよ」と引き受けるものの、やってくるインタビュアーたちはどいつもこいつも……

いやいや、えっと、みなさん、あたりまえのように「作詞家と音楽評論家、仕事で大活躍しながら、母として、妻として輝く湯川さん」と褒めたたえ、その人たちが理想とする輝く女性像を押しつけてくる。インタビュアーたちには、もちろん悪意はない。褒めているつもりなのだから。湯川さんはそれに応えてニコニコ笑顔をふりまいて、理想の女性像を演じさせられていた。誰がどう考えたって、すべてを完璧にこなすなんて無理なのに。

それを横目で見聞きしながら私は「何を言ってんだよ」とつぶやいていた。湯川さんが仕事をする書斎の片隅に私のデスクも置いてあった。しかし、つぶやきはインタビュアーではなく、愚かにも湯川さんに向けていた。「家庭のことをおろそかにして、何が仕事だよ?」と、あらぬ刃を向けていたのだ。私こそ、「女性が輝けば、世界は輝く」と言った安倍晋三そのものだった。なんて愚かだろう。20歳の私は女性が重い荷を背負わされ、いかにたいへんな道を歩んでいるかなど、微塵もわかっていなかった。

わかっていないから、秘書としてフレーフレーと応援すべき湯川さんへの労いやら尊敬が徐々に欠けるようになり、一歩引いたどこか冷めた表情で接するようになってしまった。ハガキ職人になるほど熱い思いをしたため続けた人のもとでせっかく働き始めたのに、その喜びは損なわれてしまい、もっと学べることもあったろうに6年ほどで退職をした。湯川さんを襲った「そうじゃないとき」が、私の人生をも歪めてしまったんだ。

一つ思い出すとどんどん思い出すのは、ずっと記憶の蓋をきつく締めていたからだろうか。二十代後半のころだった。ある日、千葉方面に住む友達の家に遊びに行き、帰りに総武線の駅に直結するショッピングビルのトイレに入った。どこにでもある、ふつうのところだ。ところが、その個室で、隣の個室との仕切りの上から中年の男が首を伸ばしてきた。今どきの女子トイレの仕切りは天井までピチッと付いていることがほとんどだけど、当時は上が大きく空いていた。気配を感じて上を向いた私は男と目が合い、しかし、「ぎゃあ」とか「わあ」とか叫ぶこともできず、「えっ、何?」とひたすら驚いて固まり、動けなくなった。胸の辺りから上だけ見えた男はランニングシャツ姿で、私と目が合ったまま少しして、何も言わずに首を引っ込めた。ふだんは「そんな奴、蹴り飛ばしてやる」とか言う荒っぽいキャラの私なのに、何も言えず、何もできない。トイレから出て誰かに助けを呼びに行けばいいのに、それさえできなくて、ふつうに手を洗って、表に出た。

私は、その、何も言えない動けない自分に、ショックを受けた。それからしばらくの間、出かけた先で怖くてトイレに入ることができなくなったのはもちろんだけど（大問題だ）、それと同時に何もできなかったことへのショックがものすごく大きかった。声をあげなかった自分こそ悪い人間に思えた。思い出しては「あああっ」と頭を掻きむしるようでどうにもできず、誰にも相談できない。こうした経験は多くの女性にあるだろうが、自分はこんなにも弱い人間なのかと自己嫌悪し、受け入れることができなかった。
あまつさえ「私のように〝女らしさ〟の欠片もない太った女が痴漢になど遭うはずがないじゃん」と間違った認識も抱いた。思えば#MeTooに共感できなかった根本もそこにあるんじゃないかな。「綺麗な人たちの話でしょ？　女優さんとか？」と自分とは関係ないんだと思い込んでいた。

なお近年、「トランスジェンダーの風呂・トイレの使用」についてしつこく取り上げ、トランスジェンダー差別を扇動しようとする人がとくにネット上で後を絶たない。ここでイメージされるトランスジェンダーとはしかし〝トランスジェンダーのふりをする男性〟である場合が大半で、そのような人が女子風呂や女子トイレに入ってきたら怖いですよね？とシスジェンダー（出生時に割り当てられた性別と、自分自身が認識する自分の性別が一致する）女性たちの不安を煽る形で、この話題が恣意的に広められている。

しかし、実際にはマジョリティ中心に設計された社会の中で、トランスジェンダーの人たちは「なるべくトラブルなどを起こさないよう、様々なことに折り合いをつけながら、自分にふさわしい場を使いながら生きているのが実情」（仲岡しゅん弁護士「トランスジェンダー『モンスター』という偏見」朝日新聞2023年6月23日）だという。外出先ではトイレに入ることを我慢して、膀胱炎を患う当事者も多いと聞く。

トランスジェンダーといってもさまざまな状況にある人がいることを、まず理解したい。当事者が今どういうプロセスを生きているかは置き去りのまま、あらぬ議論がなされてしまっているのが現状だ。

もちろん、女性が風呂やトイレの利用に際して不安や恐怖を感じることは、実際に覗き被害にあった私も理解する。しかし、前述した私の被害は、あくまで男性からの覗き被害であり、トランスジェンダーのトイレ使用とは無関係であることを強調しておきたい。そして、トランスジェンダー差別に、私は断固として反対する。

では、話を戻します。かように思い出していけば次々自分にも、女性と男性では同じ権利や選択肢があってしかるべきなのに、「そうじゃないとき」がいっぱいあって、人生そのものが大きく変わったり、自分の行動が抑制されたり、自己否定にもがき苦しみもした。こっちからあっちへ、わああああああ!と走り出したいような気持ちになったりも。私はそれを変えていきたいんだ。「個人的なことは政治的なこと」ならば、「こういう女性を苦しめる社会を作ってきたその構造、概念、それに疑問を抱いて根本から変えていきましょうよ」と言いたい。それは、「こういう社会を作ってきた日本の政治を変えていきましょうよ」ということだ。これから年をとっていく私が、安心して暮らせる社会を作るために、やっていかなきゃ。

と、話がまた先へ先へ行ってしまう。そうそう、2021年の私は小川さんと女性の非正規雇用の話をしていた。でも、「どうして社会はこうなんだろう?」という女性が背負わされる疑問の根っこが見えなかった。それで私は、やぶから棒に小川さんに言った。「なんで、私はパリテを進めてほしいんです」と。すると、小川さんは「当然ですよ、それは」と即答した。ああ、よかった。そして、言ってから「そうだよね、そうだ、そうだ」と、言った自分にハッとした。そうだ、私にはパリテが必要なんだ、と。

「年とったときのための結婚」はしなかった

「パリテ(parité)」とは「同等・同量」という意味のフランス語。フランスでは2000年に通称「パリテ法」が制定され、男女平等の政治参画が促された。具体的には選挙の際、「比例候補者の名簿の記載順を男女交互にする」「男女50%ずつ候補者を擁立する」と義務付けた。それから20年。フランスの国会では女性議員が約4倍に増えている。

その一方で日本では、パリテは程遠い話だ。ちなみに内閣府の男女共同参画局では「パリテ法」をもとに、選挙に限らず、意思決定の場で男女同数になることを広い意味でパリテと呼んでいる。そして同局の調査によると、女性議員の比率はいちばん高かった時で衆議院なら2009年のわずか11・3%、10人に1人しかいない。参議院は2023年7月現在がいちばん高くて25・8%で、こちらは4人に1人。これまで一度たりとも国会で女性議員比率が50%を超えたことはなく、いや、30%に届いたことさえない。

戦後、日本の女性に参政権が与えられた最初の衆議院選挙、1946年4月は79人の女性が立候補して39人が当選した。女性比率は8・4%。スタートダッシュはなかなか良かったのに、次の衆院選からはガクッと落ちてしまい、そこからずっと1〜3%あたりをほぼ横ばいで、伸び悩むこと40年。平成に入って少しずつは上がったものの、それでもまだ15%にも届かない。

なんてこったい！　今、私は強く思う。私にはパリテが必要だ。女性の議員が増えてほしい。「なんで社会はこうなんだろう？」と、私と同じ疑問を抱いて、女性に押しつけられてきた「そうじゃないとき」を打ち破り、社会にある構造的な問題や概念を政治から根本的に正していこうとする女性の政治家がいてほしい。1人、2人ではなく、もっと大勢が必要だ。私のような「ひとり」が安心して暮らせる社会を築いてほしい。築くための「法律」を作ってほしい。政治家の重たる仕事は法律を作ることだ。

最初から書いている。今、ひとりで暮らす私はもうすぐ60歳になって、じきに65歳前期高齢者になり、70歳になり、75歳後期高齢者になる。その時に、ひとりでも安心して暮らせるような社会にしたい！　でも、残念ながら今の社会はひとりで暮らす私が、頑張れば年とってもなんとかなる！というようにはできていない。だから女性の政治家たちに、それを変えてほしいんだよね、私は！

ちょっと、大変な未来の話をさせてください。

老後となれば必要になるのはまずは年金。ご存知のように年金は厚生年金と国民年金があり、私のようなひとり暮らしのフリーランスはずっと国民年金に加入してきた。派遣などの非正規で働いている人も国民年金に加入している人が多いだろう。しかし、国民年金は支払額が徐々に上がっていて、２０２３年度で月1万６５２０円。なかなかその額を毎月支払うのは難しいのが、正直なところ。これまでも未納にしたり、全額、もしくは半額が免除になったりしてきて、情けないけど満足に支払えた期間があまりない。

それに、たとえ40年間きちんと支払ってきたとしても２０２３年度で国民年金は満額で月６万６２５０円しか受け取れない。とてもじゃないけど、家賃、光熱費、食費を払って生活はできない。今のままでは、老後にひとりで暮らすことは不可能なのが決定的だ。

そして注意したいのが、厚生年金。厚生年金額は、それまでの賃金と就業期間で決まる。だから、低賃金で働いていた人や、結婚・出産・育児などで仕事を辞めていた期間がある人は、受給金額が自ずと下がってしまう。だいぶ後になって読んだ毎日新聞の記事で「男女の賃金格差は問題になるのですが、その結果として起きる年金の男女格差は課題になっていません」「女性の年金水準の低さは日本社会のジェンダーギャップを反映しているのです。しかし、その結びつきはほとんど意識されていません」（坊美生子「低い女性の年金増える単身高齢女性と困窮」2023年7月5日）とある。女性の平均受給月額は男性の三分の二だそうだ。

厚生年金格差を生み出す男女の賃金格差も、相当にひどい。内閣府・男女共同参画局の「男女間賃金格差の推移」によれば、2021年の男性正社員・正職員の給与水準を100としたら、女性は77.6だ。なぜ四分の一も削られている？　非正規労働者が女性は男性の倍もいるのだからそうなるのは当然の結果か？　と思いきや、正社員・正職員同士の比較でこの数字だというから唖然とする。基本給の格差はもちろんだけど、女性の管理職が少ないことや、ライフステージの変化で長く働き続けられなくなることなども大きく関わっているという。書いてて私、ブチ切れそうですわ。

国民年金はとてもひとりでは暮らせない受給額であり、厚生年金もこんな前提で作られている。そもそも女性がひとりで働き、ひとり老後を迎える！なんてことは想定されていないんだよね、きっと。さっきの毎日新聞にも、「世帯として年金をもらっているのだから、女性が男性より低くても問題はないという考え方もあります」とあった。

「想定されていない」ことがよくわかる例に、「モデル年金」ってのがある。厚生年金支給額は毎年4月に改定されるから、その年の新たな受給者の標準的な支給額を「モデル年金」として公表しているのだけど、その標準的な支給額というのが、「標準世帯」を前提に算出されている。標準世帯とは「平均的な収入で働きながら40年間厚生年金に加入した夫と、厚生年金には全く加入してこなかった40年間専業主婦の妻」によって構成されるものらしい。この家父長制的な前提は１９８５年から変わっていないというから、シエ〜！驚きすぎる。「夫がいてあたりまえ」ってことだよね？　働き方も家族の在り方もこれだけ変わってきているのに。どこにあるのだ、そんな世帯は！

女性がひとりで生きていくのは、日本ではなんと茨の道だろうか。それゆえに私が二十代、三十代のころ、「年とったときのために結婚しろ」と何度言われたことか！　お金のない女性は、とくに老後はひとりで生きていけないことをみんな、おぼろげながらわかっていた。なのに誰も「その政治を変えていこうよ！」とは言わないで、女性に生き方を同じくするよう強いてきた。

今の年金制度を変えることは非常に難しい、と識者たちは言う。でも、変えてもらわないと私の老後はお先真っ暗。それは私だけじゃないはずだ。

「わくわくシニアシングルズ」という、私のような40歳以上の単身女性の当事者団体が2022年夏に行った、2345人が対象のアンケート調査では、当事者の苦しみがそのまま数字に表れている。今現在、年金受給開始の年齢となる65歳以上の層を見ると、「充分な年金額」を受けていると答えた人はわずか1・5%しかいない。あたりまえだ、国民年金なら満額でひと月に6万4816円（2022年度）なのだから。逆に年金だけで生活するのが「やや、かなり・非常に苦しい」人は80・7%にもなる。もう、ほとんど全員じゃないか？

今の年金では生活が苦しいと答えた人の中には、貯金を切り崩して暮らしていたり、65歳を過ぎても仕事を継続しているような人が多かった。コメント欄を読めば、「贅沢がしたいとは思わないけれど、美味しいものを食べに行きたいし、趣味にも少しばかりのお金を使いたい。苦しんでいる人がいればささやかながらも寄付もしたい」とあった。

現在、65歳以上の層にはまだ貯金がある。多くはかつて、正規職に就けたからだ。でも、今の五十代では50万以下の資産（貯金）の人が33・9%だ。四十代なら、これが41・5%になる。最初から非正規職の人が増えれば増えるほど、貯金額は減る。ひっそり手を挙げる。はい、私もですって。暮らせないよっ！

さらに、私が前の本『時給はいつも〜』からずぅぅうっと言い続けている「住宅」の問題も、老後になればさらに大きい。住む家に困る人は大勢いて、そうした人には賃料が格安となる「公営住宅」という手があるけれど、60歳未満の単身女性である都内在住の私は今んところ応募資格さえない。60歳を超えたらいちおう応募資格は与えられるが、戸数が少なくて倍率が高すぎる。「わくわくシニアシングルズ」の調査でも、公営住宅に入る単身女性は、わずか6・9％だった。

これから先、私のようなひとり暮らしの女性の老後は「おひとりさま」なんて優しく呼ばれなくなるんじゃや？　おひとりさまとは、「個が確立できている大人の女性」なのだと、『ルポ　貧困女子』（飯島裕子／岩波新書）を読んで知った。それがどういうことかよくわかりもしない私は、これから先ますます当てはまらなくなりそうだ。今後、ひとり暮らしの女性は「果たして生き残れるか？」のサバイバルな話になっていく人が増えるだろう。もはや、「ひとり戦士」の方がふさわしいかもしれない。戦争かよ？　じゃ、「老ぼっち」とか？「陰キャ老」とか？　うわぁ、いやだ。私はどちらかというとふざけて生きたい人だけど、これはいやだなぁ。あぁ、涙ながらに訴えたい。女性がひとりで生きられる社会保障制度を作ってください！　女性の労働環境を整えてください！　ひとりでずっと住める住宅を！　お願いします！

でも、それらすべてを整えるなんて日本の社会構造を根底からガラリと変える、とてつもなく大きなことだ。真剣に、これぞ我が仕事！として取り組んでくれる政治家は果たしているのか？　いてほしい。心から願う。そして、思う。ずっと放置されてきた、男性優位をもたらす、家父長的な社会保障制度や労働環境や住宅政策を変えられるのは、やっぱり女性の政治家じゃないか？って。もちろん男性の政治家たちにも本当はガンガンやってもらわにゃいかんけど、現状そうなってないわけで、この問題に使命として取り組めるのは女性の政治家だと思う。実際に賃貸住宅を借りる時に困ったり、就活で差別を感じたり、年金に疑問を抱いたり、また悩む人を身近に見てきた女性に「自分ごと」として取り組んでもらいたい。私は女性の政治家が、増えてほしい。熱烈に、真剣に、希望する。私は心から、パリテを望んでいる。

「でもさぁ、そんなの、和田さんの都合でしょう？　私には関係ないし」と言われたら、その通りなんだけど、それでも、あらゆる人に、パリテは望ましいはずだ。

これまで「女性議員を増やしたい！」と言うと、「男とか女とか、関係ないでしょう？」と言われてきた。でも、徐々にそれは変わってきていると願いたい。想像してほしい。

90%が女性で、男性が10%しかいない国会を。男性の問題は先送りしましょうって、どう思う？「あれ、おかしいな」と思う人が大勢いるだろう。でも、そうやって逆にしないと「おかしい」と思えない世界がおかしいんだけどね。

「そうは言うけど、女性だからって誰でもいいわけじゃない。優秀な女性じゃなきゃダメでしょう？」

これもよく言われることだ。でも、今、男性はそうそう優秀じゃない人が大勢、政治家になっている。なのに、それを言う？

「私は女性だからって差別されたり、イヤな思いをしたことはないし、今もこれからも生活は安定しているので、パリテとかは必要ないんですが？」

ああ、それは過去の私みたいな勘違い……と思いつつ、そう思えるのはラッキーだったということにして、そうそうラッキーではない女性たちを応援してはもらえないだろうか？女性の政治家が増えて、困ることはないでしょう？

「女性の問題ばっかりなの？」

いやいや、男性優位の社会の中でもがく女性の、これまで置き去りにされてきた問題を解決することは、今の社会に生きづらさを感じる男性のためにもなるだろう。その問題が解決されて女性差別が一つなくなることは、国籍、人種、宗教、ジェンダーアイデンティティ（自分自身が認識する自分の性別）、性的指向、障がい、貧困などを理由としたあらゆる差別をなくすための一歩にもなるはずだ。

パリテは誰にとっても必要だと思うし、たとえ必要だと思えなくても、それがあって害になることはない。「あんまりそうとは思えないんだけど」と思う人も、「そうであってもかまわないよね」と思ってもらえたら、うれしい。そして、この本では「パリテの大切さ」を軸に伝えていきたいと思っている。「これから年とっていく私の人生がかかってんですよ、お願いしますよー」と、いきなりぶっちゃけたい。だって、私だけじゃなく、あなたも年をとっていく。これからの社会が生きやすくなるためのパリテのある社会を、どうか一緒に考えてほしい。

しかし、どうしたらいいんだろう？　どうしたら女性の政治家を増やせるのか？　パリテを実現するには？　今度はそれを考え始めて時は流れ、2021年が暮れていた。

ジェンダーギャップ指数は世界最低クラス

2022年が明けて、図書館や本屋さんでパリテに関する本を探した。調べると、女性の政治家を増やそう！と目標に掲げる本は、けっこうな数が出版されていた。どれほど多くの人がパリテを強く願ってきたかを知って、胸アツになる。赤鉛筆を片手に、線をじゃかじゃか引きながら頷き、読み進める。でも、ふと、思った。そうか、女性の政治家を増やすことは研究テーマなんだなぁって。学術的に、こうしたらいいんじゃないか？が多くの本で熱心に述べられていた。だけど、成功体験は一つもない。みんなが「何が悪いのか？」を、眉根をひそめて考えている。

なんたる現実。戦後からずっと、この国が築いてきた男性中心社会の堅牢さを改めて思い知る。しかし、知れば知るほど、くそぉ〜っと地団太踏み、なんとしてもパリテを成立させたくなる。あきらめてなるものか。どうしたらそれができるのか？を私も考えた。

度々メディアに登場する、世界各国の男女間の格差を示す「ジェンダーギャップ指数」。指数1が完全な平等を表し、0は完全な不平等を表すが、2023年6月に出た（最新の）データでは、日本のジェンダーギャップ指数は0・647。146ヵ国中125位となり、前年より9位も順位を下げ、2006年の調査開始以来で過去最低だそう。

さらに調査は政治・経済・教育・健康の四つの分野に大きく分けられていて、驚くことに政治分野に限れば、日本は指数が0・057だ。見間違いかと思って、もう一度よく見て心から驚いた。0が二つ並んでいて、0・1にも満たない。0は完全な不平等だから、ほぼ「完全な不平等」に近い。これは国会議員の男女比、閣僚の男女比、最近50年における行政府の長（知事とか市長とか）の在任年数の男女比から算出されるそうで、それがほぼ0に近いって、なんたることだろう。順位も138位って、ビリから数えた方が早い。ふ〜っ。深くため息をついてから、しばらく息を止めてしまった。

ところで、男女の差別をなくし、女性があらゆる分野に参加していくことを、日本政府は「男女共同参画」と呼んでいる。「男女平等参画」じゃないのがモヤる。「平等」ってしたら今、差別があるのを認めるようでイヤなのかーい？とツッコみたい。そして、男女共同参画を謳う基本法は1999年6月から施行されている。

「男女が、社会の対等な構成員として、自らの意思によって社会のあらゆる分野における活動に参画する機会が確保され、もって男女が均等に政治的、経済的、社会的及び文化的利益を享受することができ、かつ、共に責任を担うべき社会」

言っていることは美しいものの、これ、果たされてないよなぁと、頬杖をつき、パソコンの画面をぼんやり眺め、法律コトバに眠くなった。

そもそも1999年、私は34歳だったけれど、こんな法律ができたことは微塵も知らされていなかった（気がする）。当時どんな風に、何を考えて生きてたんだっけ？と昔の日記を取り出して、驚く。いけない。愚痴しか書いていない。何度も「うまくいかない」ことを嘆き、「からまわりしている」ことに疲れている。しょっちゅう「不安」でたまらない私がいる。しかし、からまわりして不安な割には、「アレックス・トゥのCD買った。キャー」とか、推し活にせっせと励み、「〜〜のCDの解説を書いた」「〜〜に営業に行く」と、ちゃんと働いて、自分の足も使っている。偉すぎる。なのに、それでも私は不安で、もがいていた。

湯川さんの事務所は27歳の時に辞めた。それからはずっと音楽の、主に海外のロックやポップスを専門に書くライターになった。元々日本における海外のロックやポップスの振興には湯川さんを筆頭に女性が寄与する部分が大きく、女性たちの「好き！」という気持ちがメディアをつくっていたと思う。「好き」へのエネルギーが土台になって、そこから見えてくる夢や世界をキラキラと語る。ロックという音楽形態が誕生したのは1950年代。まだ若い、シンプルな文化だったのかもしれない。しかし、90年代ぐらいからそれが徐々に多様化していった。それはそれでもちろん素晴らしいことなのだけど、「好き」という気持ちを基本にしてミーハーにキャアキャア騒ぐこと自体が軽んじられるような方向性が形作られていったと感じている。

私自身その時々の流行に乗って推しを見つけるのを良しとする「ミーハーにキャアキャア騒ぐ」派のライターで、いつも基本に「好き」があった。今はこれが好きだ！と思うと、全身全霊で推した。そうした視点が必要だと思われる時には「女性のミーハー視点でお願いします」という発注をされて原稿を書いた。しかし、そういう仕事を通じて、音楽のライターとして評価されることは少なかったと思う。長く続けても、いくら仕事していても、「和田さんは音楽がわからないよね」などとレコード会社の男性に言い放たれたりして、劣等感を抱かされ、心でコンコン藁人形を打つ。徐々に音楽の仕事に違和感を抱き、1999年の私はどこかポツンと取り残されているようだった。

しかも、それ、私だけじゃない。ロックやポップスについて執筆するという狭い世界の中で、1999年当時も既に最も長きに渡ってその仕事をしてきた湯川れい子さんは、60年代にライターとしてデビューしてからずっと自分の足を使って海外まで行き、コンサートを見たり、めったにお目にかかれないミュージシャンに直接インタビューをして素晴らしい評論を書いていた。にもかかわらず、自らをミーハーなファン代表と呼ばざるを得ないできた。もちろんミーハーという言葉を肯定し、胸を張り、ファンであると自ら好んで代表してきたのは湯川さん自身でもある。それは素晴らしいけれど、周りが湯川さんのそういう在り方に無邪気に笑って乗っかってきたのは、どういうことなんだろう？　湯川さんにこそ「女性視点の原稿」が求められていたのは、秘書だった私は知っている。湯川さんが書いてきた、大衆が愛する人や音楽を、ファンと同じ視点に立ってその価値を定義してわかりやすく言語化する評論を、もし男性が書けば学術的な評価さえ下るかもしれない。しかし、女性は「ミーハーだから」とクスクス笑われ、正しい評価がされない。いや、もちろん、音楽業界の中で地位はあったし、今もある。でも、評論家としての評価は、男性とは差があり続けてきた。ナメられてんだよね、女は。とても悔しい。

私は音楽について書く仕事をしている間、そういう偏見にぎゅうっと縮こまらせられてきたように思う。当時は自信もやる気もどんどん喪失した。もちろん、勉強不足な面も多々あって、実力のなさは認識する。でも、もっと、私は書きたかったんだ。1999年、「『執筆分野における』活動に男女が均等に参画する機会は確保されている」はずが、そうはいってていなかった。これは、私や湯川さんの「そうじゃないとき」だ。

日本に20年間も男女同数のパリテ議会があったなんて！

また、話がずれた。2018年5月には、「政治分野における男女共同参画の推進に関する法律」も施行される。

これは政治の世界での男女平等を目指しましょうとする法律だけど、フランスのパリテ法には似て非なるものだ。政治分野への女性の参画は徐々に進められているものの諸外国と比べると大きく遅れているので、これを改めましょうね！と、2021年6月に改正された。が、いかんせん「男女同数にせよ」とは一言も書いていない。しかも改正された直後、2021年10月末の衆議院選挙では女性の当選者数は全体の9・7%で、前回2017年の10・1%より下がってしまった（内閣府男女共同参画局）のだから、何をしたいのだ、君たちは？と説教したい気持ちになる。誰を？　誰を説教したらいいのだろう、実はわからない。

果たしてパリテは実現されるのだろうか、この日本で？　そうあきらめかけた2022年3月、「市区町村女性参画状況見える化マップ」というものを内閣府のウエブサイトに見つけた。これは日本全国の市区町村で、女性議員がどういう比率でいるかがわかるものだ。

さっそく見ると、「市区」では、北海道・江別市と東京・東村山市が48%でトップ。共に25人の議員中、女性が12人いる。ワオ！　興奮した。やればできるじゃないか！　さらに、画面をスクロールすると「町村」の部が出てきて、もっとビックリした。なんと！　神奈川県大磯町と奈良県王寺町が並んで1位。共に女性議員比率が50%だ！　パリテを達成していた。大磯町は14人中7人が女性、王寺町は12人中6人が女性だ。

しかも、王寺町でパリテが達成されたのは2019年だが、大磯町でパリテが達成されたのは2003年で、日本で初めてのことだった。男性女性9人ずつが当選した。すごいのは2007年と2011年の選挙で、女性8人男性6人と、女性議員の方が多く当選している。2015年、2019年は女性7人男性7人で、ずっとパリテ。大磯町では約20年に渡ってパリテ議会がある。

ザワザワザワザワ……神奈川県中郡大磯町。私の頭に浮かんだのは大磯ロングビーチ。昭和な世代はみんな、そうであろう。その大磯へ行ってみようか？　行けば、何かが見えるかもしれない。よし、決めた。大磯町へ行く。それだけ長期間パリテを達成し続ける町は日本中、他にはないのだから、どうしてそうできたのですか？と聞きに行こう。それがわかれば、日本全体がパリテ実現に向けて一歩近づけるかもしれない。私の生活を、これからの日々を、その土台を整え、少しでも安心できるものにしていくのだ。パリテ議会はそれには欠かせない大切なものだと私は思っている。それで私は、湘南新宿ラインに乗り込んだ。

第二章
ひとり身でも安心して年をとれる社会にしたい

パリテ実現、本当〜に、たいへんなことなんですYo!

新宿から湘南新宿ラインに乗って1時間15分、JR大磯駅を降りると駅前には何もなかった。一つ手前の平塚駅前にはショッピングビルやら何やらあるし、四つ手前の藤沢駅前はまるで新宿と同じようににぎわっているというのに「ここは、いきなり、何もない田舎なんだなぁ」などと、大磯の歴史も、めくるめく魅力も知らず、最初はそんな失礼なことを思った。

駅から5分も歩くとすぐ海(相模湾)に着く。大磯町は日本の「海水浴場発祥の地」と言われているが、当時(1885年ごろ)の海水浴とは湯治的なもので、「岩の所々に差してある鉄棒につかまり、海水につかる」ものだったとか。あら、これ、面白そう。今こそ、やってみたい。

その海の目の前に、「海が見える町役場!」と私が勝手に名付けている大磯町役場がある。実際、会議室の窓から外を見ると、目の前には相模湾が大きく広がる。ああ、絶景！

初めて大磯駅に降り立った2022年4月下旬、私はいそいそと、その会議室を目指した。その日は「大磯町議会がパリテである理由が知りたいので取材させてください！」という私の無鉄砲な依頼を受け、町議会議員さんたちが話し合いのために集まってくれたという。なんて、ありがたいことか。

会議室に着くと、ズラリ明治からの歴代町長の写真などが壁面に飾られ、歴史の重みがズシリ迫ってくる。「よろしくおねがいします」と席に着くと、私の前方に議長と副議長を含む議員たちと、議会事務局の方々が座った。

そもそも私は地方議会に「議会事務局」という機関が置かれ、議会に関する事務を取り仕切っているなんていう基本のキも、まったく知らなかった。最初、議会に取材してみたいと思ったものの、「はて、どこにお願いしたらいいのやら？」と悩んだ挙句に「とりあえず議長に電話してみよう！」などと、大磯町議会の議長である竹内恵美子議員のご自宅にいきなり電話をかけてしまったのだから、無鉄砲にも程がある（注：この本に登場する議員の役職や任期はすべて取材当時のものです）。

「すみません、大磯町議会のパリテを取材して本を作りたいです！」

いきなり言う私に、面食らった様子が電話の向こうからもありありと伝わるものの、竹内議長は慣れているのだろう。「それでしたら議会事務局に聞いてみてくださいね」と教えてくれた。果たしてもう一度議会のホームページを見れば、そこに議会事務局の電話番号はあり、何を見ているんだ、私は？と呆れたという経緯がある。

全体、そんなだから、ただ、やみくもにパリテ議会の秘密が知りたい！　そればっかりに鼻をふくらませ、「男女同数議会が20年近くも続いているのは、なぜですか？　女性が多い、その理由が知りたいんです！」と、椅子から立ち上がらんばかりの勢いだ。

そんな私の興奮をなだめるかのように、石川則男議員がよく通る声で言った。

「女性が多いって言いますけど、私は定年退職してから議員になって1期目ですが、入った時には女性議員が男性議員と同数いて、とくに意識したことはないです。女性がいるのはあたりまえですから」

えっ、議会に女性がいるのはあたりまえ？　驚いて私が言った。

「そういう風に男性議員の方がおっしゃること、それ自体がビックリです。だって議会に女性がいないのがあたりまえの日本ですから」

重ねて力説するも、周りに座る他の議員さんたちも「でも、ここではふつうよねぇ」と、当然じゃない？という風に頷いている。この日、私に会うためにわざわざ集まってくれた議員さんたちも女性が多い。

なんということだろう。女性議員を増やしたい、パリテを目指したいと、日本のあちこちで議員さんや大学教授、多くの女性たちがウンウン考え、悩んでいるのに、そのパリテを達成して約20年にもなる議会では、女性議員が多いことが「あたりまえ」で、「ふつう」であるなんて！　唖然とするというか、何ごとだ？というか。

これも後で知ったのだが（最初から調べてください、私よっ！）、日本各地の自治体では「女性議員を増やすための施策」をあれこれ試している。たとえば「女性市民だけを集めた女性会議を開く」とか、「男女市民を同じ人数で公募し、模擬議会を開いてみる」とか、「他市区町村から女性の首長などを招いた『女性議員チャレンジ塾』を設ける」とか。みなさん、真剣に考え、頑張っている。その結果、徐々に女性議員が増えている自治体もあれば、なかなかうまくいかない自治体もある。パリテ実現、本当〜に、たいへんなことなんですＹｏ！　たいへんすぎるので、ラップ語尾にしてみました。

しかし、大磯町はこういう施策をやっていない。ライターとしてはまぁ、逆に、おかげで探り甲斐があるんですがね、ええ。

呆気にとられていると議員さんたちが「そうは言ってもね……」と、あれこれヒントになりそうなことを話してくれた。

たとえば「歴代６人もの女性議長が誕生している」こと。竹内議長も女性だが、実はその前にも5人の女性議長がいる。海の見える会議室の壁をずらり囲んで飾られた写真の、片側の壁一面は歴代議長のもので、言われたらなるほど女性が並ぶ。

「いちばん最初は鈴木美保子さんです」

副議長である清田文雄議員に示された方向を言われて見てみると、太い縁のメガネをかけた女性の写真。キリッとした方だ。古びたモノクロ写真は、だいぶ前の時代に女性議長が誕生していたことを知らせる。同じ神奈川県内でも、人口が多くイメージで先進的に思える横浜市や川崎市では女性議長は過去一人もいないということを知ると、大磯町の女性議長の多さは突出している。ふむ、何か秘密がありそうだ。

さらに、大磯町議会で任期がいちばん長いベテランの鈴木京子議員が興味深いことを言ってくれた。

「戦後まもなく、澤田美喜さんや、坂西志保さんが大磯に住んでいて、その人たちに住民が触れてきたことも大きかったかもしれません。坂西さんは住民運動もしていたと聞いていますし、そういう戦後からの素地があったんだと思いますよ」

澤田美喜さんは戦後すぐに海外出自の父親を持つ戦争孤児たちを引き取る児童養護施設〈エリザベス・サンダース・ホーム〉を作った女性だ。でも、坂西志保さんって誰だろう？まだ女性が働くことも珍しかった時代に、社会で活躍した女性たちがいるのか。すると、「女性議員がいるのはあたりまえ」と私を驚かせた石川則男議員が面白いことを言った。

「澤田美喜さんや坂西志保さんといった優秀な女性たちが大磯に住み、そういう人に引っ張られ、受け継がれた〝精神的な遺伝子〟が大磯の女性の間にあるんじゃないだろうか？」

精神的な遺伝子！　それは面白い言葉だ。ロールモデルとなる女性がいて、その精神を受け継いだ女性たちが、大磯というパリテの町を作っている？　私は一瞬で想像する。いきいきと働く女性たちの姿を。ああ、そうだ。大磯の街を歩いて、私はそういう女性たちに出会っていきたい。女性たちと、たくさん話をしよう。そうしよう。


うっとり想像を楽しむ私に、２０１１年から議員を務める二宮加寿子議員がアドバイスをくれた。

「大磯を最初の入り口にして、女性議員がいない議会を取材されたりもしますか？　大磯は議員には女性が多いですが、町長には過去、女性がいません。何にぶつかってそうなるのかを考えるのも大切かもしれません。議員にだけ女性が多い理由を聞いて答えを引き出そうというのも、どうかなぁとも思います。よく、女性議員が多いと視察に来られる方がいらっしゃるんですが、私が言うのは『議員はみんな自然体で、気負わず真正面から真剣にやる。それの積み重ねの結果だと思う』というあたりまえのことです。和田さんは女性議員数の多さを言いますが、数が多いことだけが素晴らしいのでしょうか？」

二宮議員の言うことはそのとおりすぎて、あわててメモをとる。それでもまだ私は言う。

「女性議員が少ないのが日本全国の議会の現状で、その中で大磯町ではこれだけ長年にわたって女性議員が多いことはやはり素晴らしい。素晴らしいことを自然に成し遂げているのでしたら、それはすごいことだと賞賛したいんです」

すると、１９９９年から議員を務めるベテランの鈴木京子議員が言った。

「その賞賛が居心地の悪さにつながるんですよ！」

えっ？

「素晴らしいだけの議会なんて、ないでしょう？　心配なのは、大磯の人が和田さんの本を読んだ場合の受け取り方です。和田さんがすごい所だと取材に入ってこられて書かれると、別に大したことじゃないと思っている町民が読んだ時、そのギャップはどれだけなんだろうか？と。そこらへんは心配しています」

ああ、そうだ。私は外から見て「パリテだ、パリテ」と興奮だけで議会を捉えてしまうが、ここに住んでいる人たちにとって議会は共に考え、生活するための基本の場であり、それを私が勝手に好きなことを言い放って、また去ってしまうのでは、あまりに失礼だ。

私が「女性がひとりで生きられる社会保障制度を作ってほしい」ことや、「女性の労働環境を整えてほしい」ように、町に暮らす人たちにもそれぞれ抱える問題や願いがあるだろう。私はそれを肝に銘じていこう。そのうえで、この町に暮らす女性たちに出会って、話をしたい。〝精神的な遺伝子〟は伝わっているのか？　どんな人が住んで、何を考え、どんなことをしているのか？　それがどう、パリテ議会を作ってきたのか？　何も関係がないのか？　こうして、まったくわからないまま、パリテを巡って私は旅を始めた。

56歳、初めて地方議会のしくみを知る

そうこうしているうちに2022年5月になり、小川さんとの対話で「パリテを進めてほしい！」と言った時から1年以上が経っていて、私は少し焦っていた。一刻も早く大磯町の議員さんたちにインタビューをしたり、町に繰り出してパリテの秘密を聞きたい。でも、そんな私を見透かすように、議会事務局長の岩本清嗣さんから「まずは議会の傍聴をしてください」と言われた。ハッ、そうだ。パリテだパリテと騒ぐなら、その議会がどんなものか見なきゃ始まらないだろう。そもそも私は地方議会をほとんど見たことがなかったのだから。自分に呆れる。

そして初めて足を踏み入れた大磯町議会の議場は、厳かな空気に覆われていた。役場の

4階に議場があり、5階に上がると議場をぐるり囲むように傍聴席がある。ここでむやみにふざけ、議会の品位を貶めるようなことをしてはいけないと思った。時間になり、議員さんたちが次々入ってくると、ほんとだ！　女性と男性が半々いる。それは興奮する、私が初めて見る光景だった。女性議員が7人、男性議員が7人という構成（2022年5月）。女性はみなさん、ジャケットにスラックスを好みで合わせる意外とラフな服装で、とても好ましい。

そうやって見始めたものの、最初はまったくちんぷんかんぷんだった。そりゃ遠い町のことだ。話し合う議題、出てくる固有名詞、そもそも議員さんのことも知らない。正直、関心をすぐに寄せるのは難しい。都内の家を朝6時半過ぎには出て、新宿から「湘南新宿ライン」に乗って1時間15分、9時少し前に到着する。その時点でかなりヘトヘト。議会はだいたい朝9時に始まり、夕方6時、7時まで続いて一日ほとんど座りっぱなし。帰りは倒れるように電車に乗る。議会って疲れるんだなぁ〜ぐらいしか、感想がなかった。

ところが自分の問題はそこじゃないと気づく。パリテだパリテだと鼻息だけは荒いくせに、地方議会についての知識がゼロ。私はこれまでずっと、自分が住んでいる自治体の選挙には必ず行っていたのに、議会がどんなルールで成り立っているか、基本のキを何ひとつ知らなかった。国会議員と本を作り調子に乗っていたが、地方議会については何ひとつ知らないなんて。自分に愕然とする。

議会が始まると、議長が町長を指名し、町長が議案について話し、続いてその詳細を役場の担当者が出てきて説明した。すると、そのことについて議員さんたちが質問をしていく。ぼんやりその流れを見ていて、そのうち、やっと気づいたのだ、あたりまえのことに。ああ、そうか、「町長は、議員じゃない」。国政なら、国会議員の中から国会の議決で内閣総理大臣は指名される。それは「議院内閣制」だからだ。でも地方議会は「二元代表制」をとっていて、町長も議員も、それぞれ住民による直接選挙で選ばれる。

地方議会とは、要はアメリカの大統領制のようなもので、町長をトップとした行政が住民の暮らしのために様々な政策を提案し、議員（議会）が質疑を重ねてそれをチェックする。「地方議員の最初の仕事はとにかくチェック役です！」とベテランの鈴木京子議員が後で教えてくれたが、なるほどそうか〜！と思った。たとえば「コロナ交付金が国から市に1億円入ったので、アマビエさまの銅像を作って市役所に祀ろうと思います」と市長が提案したら、「そんなものにお金を使ってはいけません」とチェックし、ストップするのが議会の仕事だ。これを「行政監視機能」という。一方で、議員側が政策を練り上げ、提案することもあり、それは「政策立案機能」という。その二つが議会の役割だと、後から本で読んだ。最初に、読め、私Ｙｏ！　呆れるからまたラップ語尾にしました。

こんなあたりまえのことを言ってたら、「小学生ですか？」と問われそうだ。ごめんなさい。でも、本当に私は小学生になったんだと思う。56歳にして地方議会という学校に通い始めた。身体はこわばり、疲れやすく、動悸がしたまま、ランドセルを背負うことになった。ワハッ、たいへん。「大磯町議会」という学校に、小学生として通わせてもらい、実地で学んだ。いい学校を選んだなぁと思う。そこは間違えていない。鈴木京子議員が19世紀から受け継がれてきた名言を教えてくれた。

「和田さん、地方議会を表す良い言葉があります。『地方自治は民主主義の最良の学校』といいます」

ほぉ〜。やっぱり学校なんじゃないか！　イギリスの政治学者ジェームズ・ブライスが言った「地方自治は民主主義の最良の学校であり、その成功の最良の保証人である」は、地方議会にまつわる言葉として有名なんだそう。地方議会は、住民が共通の課題について、自分から積極的に関わって解決を目指す場で、政治を自分ごととして考える学校だという。

1年1組和田静香。よし、頑張ろう！

とはいえ、できるのはぼんやり座って見ていることばかり。トイレに行こうと廊下をすたすた歩いていたら、すれ違った飯田修司議員に「もっと議員と話さなきゃダメだよ」とアドバイスをもらったりした。そうか。そうだよな。でも、何を話したらいいんだろう？

聞くべきことがわからない。だから、見る、ひたすら、見る。

見ていて次に気づいたのは、質問をする時に議員が何か読み上げたりしていないで、どんどん自分の言葉で発言しているってことだ。

アマビエ様のたとえのように、町長ら行政が提案した議案を議会がチェックする行政監視機能としての「議案質疑」でも、逆に議会側から町長ら行政側へ政策や自分の考えを提案する政策立案機能としての「一般質問」でも、それぞれ一問一答式で議員と町長と町役場の人たちが質疑応答を重ねていく。「こうしたらどうだ?」「これがあるから難しい」と、キャッチボールのよう。議員は自分の考えで質問し、町長と町役場の人は資料を次々めくりながら、やはり自分の言葉で答える。やりとりは白熱し、元気のいい議会だなぁと思った。見ているこちらも、思わず前のめりになる。町の人たちは議会を「大磯劇場」と呼んでいると後から聞いたが、なるほど、そんな感じ。ドラマがあるんだよね。

私がいちばん最初に電話してしまった、竹内恵美子議長が何度か、「お茶飲んでいかない?」と声をかけて議長室に招いてくれたことがある。その時に「議員みなさんが何か読んだりしないで次々質問し、役場の方が次々答えていて元気いいですね」と私が言ったら、「取材に来られる方が、議員の発言にヤジが飛んだり、ハラスメントされたりしないんですか?って何度も尋ねてくるんですけど、ないんですよね、うちは。ないって言っても、また尋ねてくるんです」と言っていた。記者が何度も聞くのは、全国的に見ればそれが「あたりまえ」になっているからだと思うが、でも今の大磯町議会には、ヤジやハラスメントが見当たらない。

他の町はどうだろう？と、大磯町からほど近い中井町（神奈川県足柄上郡）の加藤久美さんという町議会議員さんに、議会のヤジについて聞いてみた。ほんとうは加藤さんが運営する神奈川県西部の女性議員が集まる〈あしがら女子会〉というのがあると知って、それについて詳しく聞こうとしたのに、加藤さんが話す「女性議員へのヤジやハラスメント」の酷さに驚いて、その話ばかりしてしまった。「反対意見を言う女性議員への恫喝はあたりまえです」と、リアルで聞くと説得力がありまくる。ヤジではないけど、「地域のお祭りに議員が呼ばれて行くんですが、女性には生理があって汚らわしいので、着物かロングドレスで来ないとダメだと言われ、せめてスカートではダメか？と聞いたら『私たちもこんなの変だと思うけど、それがルールだから』と言われました」という話にもブッ飛んだ。加藤さんは結局、着物もロングドレスも着なかったそうだ。

そういうことは変えていけないのですか？と尋ねると、「女性議員が増えることが大事でしょうね」と言う。やはり!? 「こうやっていろいろなところで話をしていくことや〈あしがら女子会〉もそうですが、女性がつながってひとりではないと見せていくことも大事だと思います」と言う。加藤さんはそうすることで、実際に少しずつ議会の在り様が変わってきたと話してくれた。〈あしがら女子会〉も会員がどんどん増えているそうで、それを聞いて少しだけホッとした。

良くも悪くもヤジは議会に付き物だ。でも、大磯町議会では発言を邪魔するようなヤジが飛ぶこともなく、誰もが自由に発言している——そのことを廊下でよくすれ違う飯田修司議員が「ここはそういう圧はないよね。女の人が半分いるからね」と言っていた。そういう認識！ やっぱり女性議員が半分いれば、そういうことは起こらない！

さらにもう一つ、気づいた。「福祉文教常任委員会」というのを傍聴したら、委員長が議会でいちばん若い吉川諭《さとし》議員だったのだ。「あれ、この方、まだ任期が1期目の議員さんじゃないのかな?」ビックリして、家で印刷してきた議員さんリストをめくる。あ、そうだ。2019年に議員になった1期目だ。その人が委員会の委員長? これはさすがに聞かねば！と、委員会が終わってすぐ聞きに行くと、「何ごとも経験だから、やってみては？と任されました」と言う。後から聞いたら、副議長の清田文雄議員も「私も1期目の後半に『総務建設常任委員会』の委員長をやらせてもらいましたね」と言っていて、年功序列のない議会に、「へ〜っ」と驚きの声をあげてしまった。吉川議員は1期目の40

歳で、清田議員は２０１５年に議員になった2期目の73歳。「女性が半分いるから圧のない」議会は、日本社会で慣習となってしまっている性別による差別だけじゃなく、年功序列などの悪しき習慣も軽々と乗り越えていくんだなぁ。ああ、そうそう、この議会ではよくあるように、お互いを「○○先生」とか呼んでいなかった。「○○さん」と呼び合っていて、それもとても好ましい。議員を「先生！」って呼ぶのはなんだか違う気がしてしまう。

そのうち、ただ見ているだけの大磯町議会の傍聴が段々と楽しくなってきた。議会傍聴なんて面倒……と思うみなさんに、そのことをお伝えしたい。そのうち、楽しくなりますよ、って。もし、いくら見ても楽しくない議会なら、この議会をなんとかしなきゃ！って思えますよって。パリテ議会が少しだけ見え始めた。

絶望のまま自転車を漕いで死を考えたけれど

「大磯町議会小学校」に通う日々は徐々に楽しくなってきたものの、56歳で新入生となった私の「通学がたいへん」な問題は日に日に過酷になった。疲れは溜まりこそすれ、めったに減らないのが年をとった証だ。「往復がたいへんでさぁ」と友達に話したら、「五十代には五十代の取材のやり方があるんだから、自分で考えなよ」と言われ、ハッとした。私は気持ちだけは昨日も一昨日も5年前も10年前もあんまり変わらないから、昔と同じようにやろうとする。朝早く起きて電車に乗り、また電車に乗って帰ってくる。往復で3時間以上。以前は相撲部屋の朝稽古を取材するため朝4時に家を出たりしたけれど、私は老いているのだ。続ければ無理がこむ。そこで議会が続く日には大磯町の隣の平塚や、四つ東京寄りの藤沢に泊まることにした。取材経費はかかってしまうけれど、五十代には五十代の取材のやり方があるのだと、財布を開いた。

しかし、お楽しみもある。議場のある役場の1階に売りに来る、大磯町の福祉作業所が作る菓子パンがおいしいのだ。議会が午前と午後、フルタイムである日はパンを買ってモグモグする。とくにちくわパンがおいしい！　お気に入りがあるとそればかり食べる私。パンは幸せを運ぶ。

でも、ある日、珍しく議会が午前中に終わった。それならと、役場近くのそば屋でうどんをチュルチュルっとすすり、辺りを歩くことにした。駅前にある観光案内所でもらった地図を見ると、島崎藤村が住んだ家がある。藤村がとくに好きだというのではない、古い家を見るのが好きなんだ。地図を見い見い、確かこの辺に……とウロウロしていると、さっきまで議会に出ていた、自転車に乗る玉虫志保実議員に会った。「あら？」「あ、どうも」。

小さな町だ。議員がすぐ身近にいるのを実感した。玉虫議員は家で「パン屋と弁当屋を細々やっています」と言っていた。地方議会では「兼職（かけもちで国会議員など以外の職業に就くこと）」が認められている。その仕事のために、家に帰ってきたとこなんだろう。

そのまま歩いていると、藤村の家が見当たらない代わりに、かわいらしいギャラリーを見つけた。吸い込まれるように入ると、ボタニカルアートを飾る6畳ぐらいの小さなお店。「ちょっと見せてください！」と言うと、奥から「どうぞ～」と優しい声のギャラリー主さんらしい女性が答えてくれ、絵をジイッと見ていたら、「よかったらお茶でも飲んでいきませんか？」と誘ってくれた。ふだんなら「いいえ、とんでもない」と辞するところだけど、大磯に暮らす女性と話したい！と意気込んでいたので、「ありがとうございます」と即、靴を脱いで、上がり込んだ。

そうして出会ったのが、〈ギャラリーｕｍｉｎｅｃｏ〉の鈴野麻衣さん。議員さん以外で、私が最初に大磯町で知り合った女性だ。背が高くて、優しい声のままにおっとりした雰囲気の人。2駅隣の茅ヶ崎から引っ越してきたばかりで、「今月、ギャラリーを開いたんです」と言う。その後ずっと通うことになるギャラリー奥、絵画教室を開く部屋に私をあげてくれたのは、おそらく最初、私を近隣の人間だと思って、新しく開いたばかりのお店の常連になることを期待してのことだろう。しかし、私は遠くから来ていて、しかも議

会を取材している人で、

「大磯町議会を取材に来ています。大磯町議会って、議員が男女同じ人数いる議会なんです。すごいんです」なんていきなり語る。

すると鈴野さんは「そうなんですか。すごいですね。知りませんでした！」と驚いた風にニコニコ答えてくれた。つまらなそうに返事をされたら会話も途切れたろうし、ここにも再び来なかったろう。もしや、大磯での取材そのものも続かなかったかもしれない。でも笑顔だから、「私は音楽ライターなのに、去年いきなり専門でもない政治の本を2冊出したんです」と、勢いこんでしゃべった。すぐに私の本をググってくれ、「『選挙活動、ビラ配りからやってみた。「香川1区」密着日記』という本なんですか？　香川1区で、プチ鹿島さんとダースレイダーさんがイベントやってましたよね？」と鈴野さん。

びっくりして、「なんで知ってるの？　お二人のYｏｕＴｕｂｅ番組『香川1区ナンデス』に私も出たんですよ」と言うと、「私は『ヒルカラナンデス』が大好きで、店内にはボサノバを流しながら、イヤホンして番組を聞いてるんです」と言うではないか。「わあああ！」と驚き合う。「ヒルカラナンデス」はお二人がやっている政治系ＹｏｕＴｕｂｅ番組で、2021年の衆議院選挙の時には、「香川1区」(香川県高松市と諸島部)にやってきてトークイベントを開いて、私もお邪魔した。よもや、大磯で最初に仲良くなった女性がそんな方だなんて、縁とは異なもの味なものだ。

さらに話し込めば、以前は同じ情報誌で私はライター、鈴野さんは派遣社員としてデザインとイラストを担当して激しく仕事をしていたこともわかって、再び驚き合う。「世の中、狭いね〜」と笑いながら、自分はその仕事を楽しんでいなかったことを思い出していた。音楽の情報を書く仕事だった。どの仕事も一生懸命にはやっていたけれど、自分がこれをやりたいのか？と問われたらそうでもないことを人生の大半、生活のためにせっせとこなしてきた。それは必要なことだし、世の中のだいたいみんな生活のために働いていて、それのどこが悪い？と思うけど、自分の書きたいことを書きたいんだ！ともがいていた当時の私には、やりたい仕事をやっていると見える人がずっとうらやましくて妬ましくて仕方なかった。そのころに培ってしまった癖はひょいひょいと今も顔を出し、鈴野さんに「じゃあ、派遣からギャラリー店主に華麗なる転身ですね？」などと聞いてしまう。いやらしい言い方だなぁ。すると「いいえ、リーマンショックでいきなり席がなくなりました」と返ってきた。

新しくて綺麗なギャラリーで「派遣切り」の話をされる。そうだった。私が仕事を一緒にしていたその情報誌の女性編集者さんも、同じころに仕事を切られている。聞けば彼女と年も同じ。「2000年3月卒業の、失われた世代です」と言う。ギャラリーの店主だなんて優雅じゃんと、自分が妬んだことが恥ずかしい。

鈴野さんが大学を卒業したころは就職氷河期が極まっていた。「私の周りでは正規の仕事を見つけられた人がいなかったなぁ」としんみり言うのを聞いて、あのころのニュースの重苦しさを思い出す。私は?というと、そりゃフリーランスだから常に浮き沈みはあったものの、2000年、35歳ごろはまだまだライター一本で食べていけた。新自由主義の小泉政権が始まったのは、2001年4月。そこから徐々に変わっていったと今ならわかる。冬に備えて蓄える蟻になれたら良かったけれど、私は冬が来るのを予想せず暢気に飛び跳ねるキリギリスだった。

ああ、思い出す。2001~2003年ごろにはド派手に貯金を使い果たし、好きなバンドを追いかけて飛び回ったりしていた。ワルシャワとかダブリンとかサンフランシスコとか。推し活ザ・ワールド・ツアー。やらなくていいことばっかりに、一生懸命だった。でも、そんなキリギリスだって冬になったら、助けられるべきだよね、と思っている。蟻はキリギリスに「これ食べなよ」と優しく食べ物を分けてくれたらうれしいし(互助)、キリギリスはありがたくそれを受けつつも、役所に行って生活保護の利用を申請すべきだ(公助)。そういう社会が望ましい。苦労して辛酸をなめたほんの一部の人だけしか助けられない、のでは違うと思う。楽しく生きてきた、しかし、今日、家をなくし、食べるものがなくなってしまった、そういう人にも手を差し伸べるのが公助の役割だ。それをみんなが受け入れられる、寛容な社会を政治は作らなくてはいけない。

それで、鈴野さんはリーマンショックで派遣切りに遭った後、どうしたのかを尋ねる。

「その後はまた派遣会社の紹介で専門学校での講師をしていました。就業形態はフリーランスという形をとる、そういうクリエイティブ系の派遣もあるんです」

それは正規で雇うべき仕事だと思うのだけど、そうはならないんですね？

「正規では、働いたことはありませんねぇ」

ほんわかした声で、厳しい現実を話してくれる。派遣やフリーランスという働き方を受け入れる以外なかった？　それ以外の選択肢はやはり、ないのかな？

「でも、その都度、やれることはやってきたと思います」

そう言われてドキッとした。私はなかなか、そんな風に言えない。やれることをやってきたか？と問われたら、必ずしもそうできないできたと自分を省みて、落ち込むだろう。思えば出会ってすぐ「どう働いてきたか」なんてことを図々しく探ってるのに、鈴野さんは臆せず話してくれる。それ自体が度胸のあることだ。

「私は初対面でもモジモジしたりはしないというか、たぶん、最初から相手を疑わないのかも」と言う。

いや、それもすごい。

「あははは、楽観的なんですよね。それって、根拠のない自信があるからかも」

鈴野さんのお母さんは79歳の今も絵画教室をやっていて、「私もおばあちゃんになってもできる仕事がしたくて、絵画教室を開くことにした」と言う。「ギャラリーはその延長です」と。子どものころ、家に帰るとお母さんのお絵描き教室に子どもたちがいて、家はいつも開かれた場所だったそう。そこで育った鈴野さんが、自分も同様な場所を作ることを目指しているのは素晴らしいことだ。

長く派遣など非正規で働いている人たちの多くは、新しい目標を持つことが難しいと聞く。五十代を過ぎてあちこちバイトを転々としながら働いていた私も「これからどうしたらいいんだろう？」と自分の未来がまったく見えず、行き帰りの自転車を漕ぎながら絶望ばかりして、そのままどっか壁に突っ込んでしまいたかった。心も身体も、疲れきっていた。でも派遣で働いていても、鈴野さんは目標を持って実行していた。「根拠のない自信」があるから？　後になって鈴野さんは「背中を押してくれるパートナーの存在が大きい」と言っていた。それもそうだろうけど、やはり絵を描くことが好きだから、絵を描くことが支えになってきたからじゃないかな？　やりたいことがある、好きなことをやるって、いちばん大事なことだ。私もよく知っている。私だって絶望のまま自転車でどっかに突っ込まないでいられたのは、「書きたい！」という気持ちがいつもあったからだ。

そして自信の根拠は様々でも、そういうチカラや自信は大磯の女性たちに共通するものだと徐々に私はわかっていくことになる。まぁ、鈴野さんは茅ヶ崎から大磯に移住してきたばかりで、そう言っていいのかどうか。でも、逆を言えば、そういう女性が集まってきて今の大磯がある。

「お茶淹れ替えましょうか？　今度は何を飲みますか？」

鈴野さんは立ち上がり、新しいお茶を淹れてくれる。こうやってその後もずっと、私にお茶を淹れてくれた。議会の後や、誰かに会った後にいきなり訪ねても必ず迎え入れてくれ、「お茶飲みます？　何がいいですか？」と聞く。私は「じゃ、ほうじ茶」とかお願いし、しばし話す。ああ、〈ギャラリーｕｍｉｎｅｃｏ〉は私にとって大磯の、開かれた場所だ。

そして、政治の話もどんどんしていく。

「原発さえなければ」の悲しみにつき動かされ

2011年3月11日、東日本大震災があって、福島第一原発が事故を起こした。鈴野さんは、翌年から始まった「首都圏反原発連合」による首相官邸および国会前での原発に反対する抗議行動に、自転車で参加していたという。「私、あの自転車隊でした」って。ええー、あれを鈴野さんが？ びっくりした。私はたまたま、この抗議行動の1回目の告知をツイッターで見て行って、その後ずっと何年も国会前に通った。私が社会へ声をあげた、最初の経験だ。

国会前に通うことにしたのは、その少し前に日比谷野外音楽堂で行われた、湯川れい子さんが参加する反原発のイベントに行ってみたことが大きなきっかけだった。湯川さんは90年代、内閣府の「原子力政策円卓会議」の委員などもしていて、原発にずっと反対の声をあげていた。

日比谷野音のイベントには、福島県内でも原発の影響をとくに大きく受けた町の一つである飯舘《いいたて》村の酪農家だった故・長谷川健一さんも参加していて、楽屋で湯川さんの隣にたまたま座っていた。私もそこにいたけど、とくに何か話したわけじゃない。話ができるほど原発のことを知らなかったのだから。私が知っていたのは、原発事故が起こる3日前の3月8日に、友達から「見て！」とチケットを渡されて見に行った、原発について描いた映画『ミツバチの羽音と地球の回転』だけ。その時はまったく知らなかった日本の原発の現実に「これじゃダメだ」と思い、ショックでふらふらと映画館のある渋谷から中野の家まで1時間以上かけて歩いて帰った。思えば、なんというタイミングだったろう。

日比谷野音の楽屋にぼんやり座っていると、隅っこを大きなゴキブリがチョロチョロしていた。私が「あ、ゴキブリがこんなとこにいる!」と言って、みんなで「ほんとだ」とか言いながらアハハと笑った。でも、笑っている長谷川さんが、笑いながらも全身で泣いているのに気づいて、ものすごくハッとした。私はそんな風に全身が悲しみに覆われた人にそれまで会ったことがなかったし、その後も会ったことがない。長谷川さんを見つめただけで、悲しみが伝わってきて、涙が出てきた。

長谷川さんは野音の舞台で話をした。友人の酪農家が「原発さえなければ」と書き残して自死したこと、自分も飼っていた乳牛50頭あまりをすべて殺処分したこと。話しながらも、長谷川さんの全身を悲しみが包む。悲しみの底から、声を発する。静かな慟哭だった。それを聞いていて、ああ、私は原発に反対していこうって決めた。誰かがやってくれるのを待つんじゃなく、私が反対しようと決めたんだ。そして2021年10月に、長谷川さんは甲状腺がんで亡くなっている。

国会前に立ち始めた私は、鈴野さんがやっていた自転車隊を「颯爽としていて、すてき〜」と思っていた。ただ自転車で、抗議のコールをする私たちの周りをぐるぐる走るだけなんだけど、「ヤアヤアヤア！」とみんなに手を振り、中には自転車に可愛い電飾を付けたり、かっこいいバナーを貼り付けた人もいて、それもまたよかった。怒りを楽しく見せてる感じ。

「自転車はどうしたんです？　当時はどこに住んでいたの？」

「茅ヶ崎の実家から通ってました。自転車は折り畳みを持って行ってました」

すごい。行動力あるんですね〜なんて言ったら、「フッーに声をあげます、おかしいと思ったら」と言われた。ヒュ〜、いいねぇ！

大磯で、最初に仲良くなれたのがこういう女性で良かった。町にある小さなギャラリーで、あたりまえのように政治の話をする。それはなんて楽しいんだろうか。おかげで、私もパリテの旅をぐんぐんと漕いでいける。

帰り際、鈴野さんの子どもが通う小学校のＰＴＡのパンフレットを見せてくれた。

「大磯小学校のＰＴＡはなんだか変わってて、面白そうなんですよ」と言う。

へぇ〜、ＰＴＡ？　どんな風に？

「入会も強制じゃなくて任意制で、いろいろと面白いことをやってるそうです」

見せてくれたパンフレットには、「『ＰＴＡってめんどくさそう』と思っていた皆さん、パッと（P）楽しく（T）集まれる（A）、新生PTAの活動をのぞいてみませんか？」なんて書いてある。さらに聞くと、「PTA会長も女性なんですって」と言うではないか。なぬっ？　子どもがいないから私はPTAの世界をよく知らないけど、なんだか面白そうだし、そもそも会長が女性っていいな。それで、私は言った。

「PTA会長さんに会ってみたいです。PTAをやっている知り合いにつないでくれませんか？」

会っていきなり人生を語らせ、1時間かそこいらで今度はいきなり紹介を頼む私もどうかしてるが、鈴野さんは「わかりました。聞いてみますよ」と、請け負ってくれた。数日後「会長さんと広報誌を作ってる方が会ってくれるそうです。日程調整します」と、仕事ができる秘書のようなLINEをくれた。

「あなたにもひとりで生きる意味がきっとある」

〈ギャラリーumineco〉の鈴野さんと会ってから、大磯の女性のことを考えた。

2003年に大磯町議会でパリテが成立してからずっと続いているのは、ふつうに考えれば女性たちが女性議員を応援してきたからだろう。女性たちは、どうして女性議員を応援するのか？　そもそも大磯の女性たちは政治に関心が高いのか？

考えていて思い出したのは、議会で最初に耳にした坂西志保さんと篤志家の澤田美喜さんのこと。澤田さんの名前は聞いたことあったけど、坂西さんとやらはまったく知らなかった。一体誰なんだろう？　彼女たちに「ひっぱられ、受け継がれた〝精神的な遺伝子〟」とやらが本当にあるなら、その坂西さんが誰なのか知りたい。

それは、すぐにわかった。大磯のことを調べたいと町の図書館に行って2階へ上がったら、いちばん目立つ棚に「坂西文庫」というコーナーがあった。1976年に坂西さんが大磯で亡くなった後、遺言で蔵書が寄贈されたんだそう。棚を眺めていたらフェミニズムについて書かれた本や、女性に関しての本がいくつかあった。へぇ〜。

坂西志保さんは1896年東京に生まれ、英語の先生を経て、26歳の時単身でアメリカに留学。大学の助教授やアメリカ議会図書館で日本文化に関する本を集める仕事をしていた。しかし戦争が起こって強制送還に。在米約20年、帰国後はGHQや外務省などで様々な要職に就き、国家公安委員も務めた。同時に評論家としても活躍し、1951年からは「週刊朝日」（朝日新聞出版）で女性として唯一、書評委員を務めていた。

坂西さんが「女性の能力と老後」というコラムを書いているのを見つけて読んだら、女性が働くことにおいて問題なのは「子供には母親が絶対に必要だという〝母性神聖視〟の傾向が残っている」ことだとし、仕事と母親業がうまく両立できても、それが「当たり前のこと」にされると書いている。さらに女性の寿命が延びる中で、「養老年金が申しわけばかりの現状では、女性の老後はこんご大きな社会問題となるのではなかろうか」と書いていた（『続 生きて学ぶ』雷鳥社）。ガーン、そのとおりですわ、坂西さん。1968年、私が3歳の時にこれを書いていたとは！

そして、大磯には1948年から79歳で亡くなるまでの28年間、歴代の猫とふたり、一緒に暮らしていたんだそう。ああ、ひとり暮らしだったのか。そっかぁ。写真を見ると、メガネをかけた、芯の通った印象の方だ。なんだか、私が誰よりも影響を受けそうな気がしてきた。まだ女性が働くことがそう一般的ではなく、たとえ働いても結婚までの「腰かけ」と言われ、お茶くみやらの雑用ばかりの時代に、政府の要職にあったひとり暮らしの女性が、都内のたとえば一番町とか麹町といった永田町に近い都心にいるのではなく、大磯に暮らしていた。西小磯から東小磯。坂西さんは大磯の中を引っ越しながら住んだそう。私が島崎藤村の家を探したり、おそば屋さんに行ったり、うろうろ歩いた辺りだ。少なからず、その精神的な遺伝子はこの町の女性に受け継がれているのではないか？

そんなことを思った少し後、その東小磯を再び歩いた。〈ギャラリーｕｍｉｎｅｃｏ〉

の並び、東海道線が走る線路沿いの道だ。一軒、ガラス張りの店があって以前に通った時から気になっていた。ガラスの壁に女性の顔が大きく描いてあり、何だろう？　座って調べものやらしたかったので、足を止め、少し離れた斜めの方からしげしげ見つめると、〈パン屋の富田〉と書いてある。パン屋なのか？　しかし、中にカウンターとテーブルがあるのが見える。入ってしまえ。ガラス戸を開ければ、やはりカフェだ。カウンター席に座り、お茶と、お店の名物らしいロールケーキを注文し、外に出て電話を一本かけ、席に戻った。その丁度いいタイミングでカウンターの中にいるメガネをかけた小柄な女性が「どうぞ」とコーヒーとロールケーキを出してくれ、さっそくパクリとする。ん、うまい！　店主らしい女性にいきなり声をかけてみた。

「おいしいですね、これ！」

すると作業の手を止め、女性が答えてくれた。

「一つ50円の、大磯の平飼いの玉子を7個入れて作るんです。おいしいでしょ？」

自慢気に言うから、「はい、とっても！」と答えると、また、おしゃべりが始まった。他にお客さんはいなかった。

女性は富田英美《ひでみ》さんという。お店はお手伝いの人たちの手を借りながら、基本、ひとりでやっている。年は私とそう変わらないし、外見も、なんか、ちょっと似てる。

表に描いてある顔、あれ、誰なんですか？と聞いてみる。そうそう、その顔も、ちょっと私に似てるんだ。

「あれ、私の母です。ここは以前、母が山崎のパン屋をやってたんですよ」

ああ、だから〈パン屋の富田〉なのか。

「母はここでずっとパン屋をやってきて、すぐそこの大磯小学校の子どもたちの行き帰りを見守ってました。『ただいまー』『おかえりー』って声が行き交って」

私が小中学生のころも、そういうお店が学校の目の前にあった。パンだけじゃなく、ノートとか鉛筆なんかも売っていて、買うものもないのに寄ったりして。お店のおばちゃんやおじちゃんは、子どもたちみんなを見守っていた。

「この通りには昔、話好きな化粧品屋さん、タバコと文房具を売るお店、〈ドンキ〉みたいに今にも崩れそうにうず高く品物が積まれたスーパーとか、樽でお味噌を売る酒屋さん、夏になるとかき氷用の大きな氷を売っていた、ほんとうは八百屋の〈こおり屋さん〉、看板に〈正直屋〉と書いてあったワイシャツ屋さんと、お店が並んでいてね」女性は懐かしそうに話す。

「なぜかダンナさんが早く亡くなり、うちもそうだけど、女の人が店主になって切り盛りするお店がいくつもあったのよ」

「女性が店主だったんですか？」と、身を乗り出す私。

「たいていは夫婦でやっていて、女性も働いてましたよ」

活気ある商店街が目に浮かぶ。そこでは女性があたりまえに働き、しかも店主として働く店もあった。自営業のシングル女性もいたのか、大磯切り盛り物語。

「そういうお店がどこも懐かしい。私もそういう風に懐かしく思い出してもらえる『パン屋の富田の名物おばちゃん』になりたいと思うんです。母がそうだったように」

今はほとんどシャッターが閉まっているか、ふつうの住宅に変わっている通りだけれど、古い家屋を改装した店で、女性がひとり働いている姿も見える。ここも、かなり新しいかんじだけど？

「私は大磯では有名な旅館で23年間、仲居として働いたけど、コロナで旅館が廃業してしまって。それで山崎のパン屋としては閉めていたここを開けることにしたんだよね。改装してカフェにしよう、と」

コロナで、ということはここ数年の話じゃないか。激動だったんですね？

「旅館がコロナ禍で廃業して家にいるようになったら、母が『また店をやりたい』と盛んに言うようになり、すごいやる気なのよ。それで段々私も燃えてきて、やろう！って」

それからクラウドファンディングで資金を集め、トイレを新設したそう。「お金はないけど、できる気がするって思った」と明るく言う。「コロナだから迷ったけど、でも、大磯のためにも何かができるんじゃないかって」

お店のオープンは2021年6月。なのに半年後、やる気いっぱいだったお母さんが急逝する。店主の英美さんはひとりでカフェをやることになった。

「私は元々ひとり身なんだけど、店もひとりでやることになった」

ずっと大磯に暮らしているんですか？

「そう。妹が、母の前に亡くなっていて、今は高校生になる妹の娘と一緒に暮らしてる」

さらりと、たいへんなことを教えてくれる。

「だから、私はひとりで生きてきた意味があるなぁと思う。妹の娘と暮らして、ひとりでいる意味がわかった気がする」

意味深いことを言ってくれてるのに、「ええ、ひとり身なんですか？ 私もです〜、うれしい〜」とか言ってしまう。大切なことを言われてもすぐには咀嚼できず、そうなる。すると、「大磯、ひとり身の女性が多いのよ」なんて教えてくれる。「中学の同級生とか、ここによく来る人も、ひとり身の人が多いもの」って。むむっ、坂西遺伝子か？ それとも、ここはひとり身が集まるカフェなのか。

「へえ、うれしいですね。ひとりの人が多いのか」そう答えると、店主の英美さんが私に、

「あなたにも、ひとりでいる意味があるよ。きっと」と言う。

「えっ？」とだけ答えた。私がひとりでいる意味？　そんなこと、人生で今まで考えたことは一度もない。ひとりでいる意味？　今もこれからも私はひとりで生きていく算段でいるし、ひとりで安心して生きられる社会を作りたくて大磯に来た。だけど、ひとりで生きる意味？　なんだろう？　その答えは一切思い浮かばず、ロールケーキを食べ終わり、会計をして、その日は帰ってしまった。

ひとり身トリオ結成！

それからまたしばらくして、お昼ご飯を食べに〈パン屋の富田〉に行ってみた。ランチの忙しい時間帯、後に私も仲良くなる女性、天野っちが手伝いに来ていた。店主の英美ちゃん（今はそう呼んでる）は私のことを覚えていて、「この人もひとり身〜」と、天野っちに紹介した。ここではひとり身が、大きなアイデンティティーになる（みたいだ）。

お店は忙しく、二人は調理や接客に追われ、私は大人しく食べていたのだが、そこに一人のお客さんが来た。女性で、白杖をついている。私の隣のテーブルにつき、二人としゃべり始めた。どうやら近所に住む常連さんのようだ。なんとなく私もその輪に加わり、話し始めた。たぶん、英美ちゃんが会話に加われるよう、自然に促してくれたんだと思う。それが、よりちゃんだった。今では友達だ。

よりちゃんは色のついたメガネをして姿勢が良くて声が若々しく、最初は同じぐらいの年だと思った。聞けば、年齢が上がるにつれて段々視力が下がり、今は光を感じるぐらいだという。「65歳から盲学校に通ってね、そこが高校だったから、介護保険を使うJKだったのよ〜」なんてぶっ放して言う。明るい。

「リハビリ施設で75歳の女性に出会って、その人が『私は鍼灸の学校へ行く』って言うのに触発され、私も盲学校でマッサージを学んで資格を取ることにした。今は思ってもみなかった世界にいるけど、人に出会って自分の世界が広がるって大事だなぁって思う」

年を重ね、ほぼ目が見えなくなってから、新たにマッサージの仕事を始めたよりちゃん。けっこう深刻な話をいきなり聞かされているわけだが、やたら明るい声で楽しそうに話すから、こちらもアハハハと笑ったり、「そうなんだ〜〜！」とまた軽く返したり。若いころはたいへんな話は声をひそめてしていたけど、年をとるにつれ、こういう話ほど自分から大きな声で明るくするようになった。それが身につけた生きる術だよね〜、私たち。

目が見えなくなる前、よりちゃんは東京で働いていて、大磯から電車で通っていたそう。「自由が欲しいと思って二十代から四十代はがむしゃらに働いたけど、今の方が自由だよね」と言う。1970年代に仕事を始めたなら、そう感じるのかもなぁって思った。まさに、お茶くみとコピー取りが仕事だった時代だ。女性の能力なんて最初から無いものとされ、仕事は事務、補助。しかも規則がいっぱいあり、「秘書課はスラックス禁止とかだった」って聞いて、ヒエ〜ッと驚く。あらゆる面で男性とは差がつけられ、仕事の内容だけじゃなく、60年代から続く男性55歳、女性30歳の定年がふつうだった。しかも女性だけ「結婚したら退職」があったりまえに70年代も暗黙の了解として存在し、80年代、90年代だって結婚しないで働き続ければ「おつぼね」とか呼ばれ、針のむしろだった。そんな中でひとり働いてきたよりちゃん、悔しいことがいっぱいあったろう。

とはいえ「今の方が自由」だって、これまたスゴい人が登場したなと思った。時代は変わってきた。だって、目が見えない今は今でたいへんなことがいっぱいあるんじゃないのか？　ひとりで好きに出歩くのも難しかったりしないの？

「う〜ん、今の方がラクかな。見えなくなってみんなが親切にしてくれるのがうれしいし。見えなくなってヨカッタ、見えていたらもっとイヤな奴だったと思うよ、私は」

私が六十代になり、もし目が見えなくなったら、そんな風に言えるかな。私の祖父は子どものころに失明して鍼灸師をしていた。私自身も子どものころに角膜の病気になって、今も目が弱い。他人事ではまったくない。年をとって、あちこち弱いところが悪くなっていくことは、ままある。その時に人生を恐れず、悲観せず、私はこんな風に生きていけるだろうか？　私にそんなチカラがあるだろうか？

するとと英美ちゃんがいきなり「私もひとり身、和田さんもひとり身、よりもひとり身、ひとり身トリオだ！」と言った。

え、ひとり身？　ひとりで暮らしてるの？

「そうよぉ。リハビリテーション施設に9カ月入所して、生活訓練をしたんだよ。料理や点字、白杖の使い方も」

六十代になってからそんなこと私にはできないかもと思い、失礼ながらそう言ってしまう。「私なら、そんなことできない」

そうしたら、よりちゃんが「できるものよ。そうなったら」と言う。

「そんなもの？」

「そうよ～。だって、ひとりで暮らすんだから、できなかったら困るでしょう？」

「たしかに」

「ひとりで暮らすのがいいのよ」

「うん」

「ひとりがいいよね」

「うん」

頷いて、ああ、そうだ、ひとりがいいんだと思った。ひとりが、いい。英美ちゃんに「ひとりでいる意味」を問われてわからなかったけど、よりちゃんに言われてハッとした。よりちゃんは年齢を重ねてから目が見えなくても、ひとりで生きることを選んでいる。私もひとりがいい。だからひとりで生きてきた。私が選んだ。これからも、きっとそうする。

バイトに明け暮れても、とにかく書きたい

それからまた、二十代初めのころを思い出した。湯川れい子さんの事務所で働きながら、A4の紙にあれこれ日々思ったことを手書きの原稿とイラストにまとめ、20ページぐらい貯まると西新宿にあった一枚10円の店でコピーして、ホッチキスで留めて周りの人に配っていたことがある。とにかく何か書きたくて、それを作った。十数号作って止めてしまったけど、それを作っている時がそのころの人生でいちばん楽しかった。

その前も18歳の時、ミュージシャンのファンジンを作ってはレコード会社や音楽雑誌に送りつけていた。それも、それまで生きてきた中でいちばん楽しいことだった。

さらに、その前。17歳のころ、雑誌「ＪＵＮＯＮ」（主婦と生活社）が「好きなスターにインタビューしませんか？」という募集をしていた。読んですぐに大好きなアイドルスターへの想いとインタビューしたいことを切々と書いて送ったら、編集長から「インタビューはさせてあげられないけど、あなたはライターになりなさい」と言われた。その時に天啓に導かれたような気がしたのは、間違えていなかったと思う。

そうなのだ。私は自分がいちばん楽しいことをやりたくて、それはイコール書くことであり、それを第一にして、今に至る。十代のころから夢中になってそれをやってきた。〈パン屋の富田〉の英美ちゃんが自分の姪っ子を引き取って育てることが「ひとりでいる意味」なら、私にとってひとりでいる意味は「書きたいから、書くために」だ。

とはいえ、そうそうあれもこれもできる器用なタイプではない。ライターになりたい！ライターとして生活したい！　その必死な思いで生きているから結婚とか子育てとかいう選択肢はまるでなく、ひたすらライターであることを追い求めることになった。ああ、そうなんだ。私は湯川さんを「家庭のことをおろそかにして、何が仕事だよ？」と睨みつけていた人だ。女性が輝く生き方の規範に自分も縛られていて、「両方はできない」から私は書くんだもんね！と決めた。今も思い出す。30歳になったばかりの１９９５年ごろだったはず。仕事の合間に散歩をしていると、５〜６人の女性たちが自転車の前や後ろに子どもを乗せて信号待ちをして、ワイワイしている姿が目に入った。当時はまだ今のような頑丈なチャイルドシート付き自転車ってのはなくて、不安定な一般用自転車に子どもを乗せるかごを付けるしかなくて、たいへんそうだった。腕力や足腰の力のいることで「私にはできないよなぁ」と、その時強烈に感じた。そうなんだ、自分にはできないと思って結婚も、子育ても、選択しなかった。結婚すれば子どもを産んで私が育てる、あたりまえにそう思い込んでいた。

結婚や子育ては「できない」と否定から入ってひとりで生きてきた私は、家父長制的な考えに縛られていたと今さら気がついた。そして、知らず知らずそれに負い目を感じてきたんだ。「ひとりでいるんですよ、てへへ〜」みたいに頭を掻いて。でも、違う。違う。違うんだね。よりちゃんの言うとおり、ひとりがいいんだ。私はひとりで暮らして、ひとりで書く人生を選んだ。ひとりの人生で良かったんだ。

とはいえ、人生を通じて書きたい壮大なテーマがあるわけでもない。社会の不正を暴くわけでもなく、好きでもないことを渋々書くこともたくさんある。ただ、一ライターとして何か書いていきたい。やれるところまで、まぁ、やりましょうかね、と思っている。それが私の仕事で、なんと幸運なことに私は、好きなことをやってきた。自分で決めて、ひとりで生きてきた。ひとりがいいんだ。

社会保障の話でも触れたけど、二十代、三十代のころは「結婚しないの?」「お金ないなら、養ってくれる人を見つけなよ」「子どもは欲しくないの?」「年をとったときのために結婚した方がいい」という常套句を、母親はじめ親戚やら友達やらにしょっちゅう言われた。親戚のおばさんがいきなり見知らぬ男性の写真を送ってきて、あなたはひとりで可哀そうだから早く結婚をしなさい、この人はいい人ですよ、みたいなことが書いてあり、こちとら若気の至りで、「あなたみたいな人に、人の幸せを勝手に決める権利はない」とかきったない字で殴り書きみたいにして返信したら、それ以降私に一切連絡がなくなった。それはそれで「言い方!」と思う面もあるが、もう、これからの時代はそういう言われ方を、ひとりで生きる人がされない社会であってほしい。

「年とったときのために結婚しろ」と何度言われても、そうはしてこなかった私だが、とはいえ、家族の介護や自身の病気などでひとりで暮らすことなど叶わない人からしたら、なんとまぁ、好きに生きられておりますな……と呆れられるかもしれない。アリとキリギリス。私は好きに生きて口笛を吹くキリギリス野郎だ。そのことは十分に承知している。でも、キリギリスが生きていける世の中こそ、誰にでも住みやすい社会だろうというのは何度も言いたい。キリギリスの私がいつまでもキョロキョロと好奇心を膨らまして生きていける社会を私は作りたい。そのために、私は私でやれることをやる所存だ。それはどうしていけばいいのか?を、この本でよくよく考えたい。

ランチタイムの忙しい時間帯が過ぎて、店主の英美ちゃんと、お手伝いの天野っち、お客さんのよりちゃんと4人であれこれおしゃべりを続けた。会ったばかりでも政治の話をたくさん、すぐにできる。天野っちが以前に町長選挙で街宣カーに乗ってアナウンスをしていた話や、町の議員さんが〈パン富〉によくやってくる話。よりちゃんが道の凸凹につまずいて、議員さんに電話をして相談したら、駆けつけてくれた話。日常に政治が、議会がすぐ横にある。

さらに英美ちゃんが始めた「大磯のためにできること」を聞く。東海道線の線路沿いにあるお店だから、線路沿いの暗い塀が気になった。明るくしようと少しずつ店の前に花を植え始めたのをきっかけに、「〈大磯とうかんいち〉っていう、近隣のお店や知り合いのお店が集まって、おいしい物や雑貨を集めた市を開き始めた」という。その後〈ギャラリーumineco〉の鈴野さんも声をかけられ、参加することになる。英美ちゃんは昔の周辺の商店街を懐かしみながらも「でも、今の方が好きだよ。だって、今はみんなが街を自分たちで変えていこうって思ってるから」と言うのがすごくヨカッタ。そうだよね、自分たちで変えていこう、それだよね、それ、それ。

第三章
女性の政治家が増えるとどうなる？

自分の暮らす町の女性議員の数、知ってますか？

大磯町に通って会う人ごとに「大磯町議会は男女同数なのを知っていますか？」と尋ねると、ほぼ全員が「知っている」と答えることに、私はとても驚いていた。正直、パリテだパリテだと言いながら、自分が住む東京・中野区の女性議員の人数なんて、ついこのあいだまで知らなかったのだから。オーマイガッ。ちなみに中野区議会は全42人中、女性は12人しかおらず、約3割だ（2023年）。

なのに、続けて「男女同数であることはどう思いますか？」と大磯町の人たちに聞くと、たいてい「男とか女とか関係ない」「どっちでもいい」と言われた。〈ギャラリーumineco〉の鈴野さんは「女性が同数いてほしい。いろんな視点があるべきだから」と言い、〈パン屋の富田〉で会った3人は「大磯町議会にはいい女性議員もいれば、そうじゃない女性議員もいると思う」と言う。それぞれ人には考え方はあろうが、「日本中あちこちの自治体ではパリテ達成を目指し、税金をかけてあれこれ施策をしているんですよ」と口をとがらせて言いたい。パリテ達成20年の町で、住民たちがあまり誇りにしていないことにトホホ〜となる。もっと自慢してほしい。副議長の清田文雄議員は「女性議員が多いことも、20年もたつと風土みたいになるんですよね」としみじみ話してくれたが、そういう認識なのかなぁー。

そもそも私は東京・中野から1時間40分、片道１３４０円もかけ、パリテ議会を知りたくて通っていたので、「いや、女性議員が多いことには意義があるんですってば！」と語気も荒くなるってもので。「じゃ、どういう意義があるの？」と問い返されると、しかし、なかなかうまく伝えられなかった。「だって私の老後がかかってんだもん」とかモゴモゴ言っても、そりゃ通じるわけがない。それでも議会を傍聴し続け、議員さんたちから話を伺う中で、その大切さが私自身やっと見えるようになった。

その議会。朝9時から始まって、夕方6時過ぎまで続く、かなり長く、長く、長いものだ。「やりとりは白熱し、元気のいい議会」であり、「ヤジやハラスメントで発言を封じ込める」こともなく、それは「女の人が半分いて」「圧がない」ためだと前述したが、その分、議会が長い。とても長い。ああ、もちろん、合間には何度か休憩がはさまれる。ご安心を。

しかし、委員会でも本会議でもとにかく長い。

しかも、議題は町内にある公共施設の管理や修理とか、一つひとつコツコツ地道なものが多い。正直なところ、遠い町のそうした議題に関心を寄せるのはかなり難しく、私は「パリテーパリテー」と無駄に心で吠えていた。最初に大磯町議会を訪ねた時に二宮加寿子議員が、議会とは「気負わず真正面から真剣にやる積み重ね」だと伝えてくれたように、本当に小さな積み重ねからなるものだと、深く頷く。

長い議会は委員会でも本会議でも、変わらず続いた。あまりの長さに大磯町議会の傍聴取材に初めてきたという新聞社の人に「前に委員会で話し合ったことを、本会議でもまた話し合うのかね？」と、疲れた顔で聞かれたのだから、よもやその長さ、他の議会と比べ、とてつもないらしい。議員さんたち自身もそれを自覚していて、議会の後に私と同年代の鈴木たまよ議員に「議会、長いですね」と言ったら、

「夜11時ぐらいまでやっていたこともあります。予算特別委員会だったんですけど、こんなに議論し合う議会って神奈川県西部では他にないと思います。しかも予算特別委員会はふつう1〜2日で終わるそうなのに、ここでは4日間やるんです。とことん、話し合います。議員になったばかりのころ、自分は何を質問したらいいのかわからなくて、センパイ議員から『自分の興味のある分野からやってみたら？』とアドバイスをもらいましたが、

予算について質問するのは相当に勉強せねばならず、肩コリと寝不足で音を上げたくなりましたね」と言われ、なるほど議員さん自身も「長い」と感じ、その長い議会を構築していくためには一人ひとり相当な勉強が必要で、たいへんなんだなと、知る。

その長さこそが議会の大切な「核」だと知ったのは、他の地域の議会の女性議員さんの声も聞いてみようと、香川県小豆島の土庄町《とのしょうちょう》議員である鈴木美香さんに電話をした時だった。鈴木さんには2021年の衆議院議員選挙の折に、小川淳也さんの街宣を追っかけて高松から船で渡った小豆島の、スーパーの駐車場で出会った。「私は土庄町議会の、たった一人の女性議員なんですよ」と言われ、「たった一人なんですか？　それは心細い」と驚いたのが心の片隅に残っていたのだ。その時、声にチカラのある女性だなぁ、とも感じていた。

もらっていた名刺を探して連絡をすると、鈴木さんは変わらずお元気そう。挨拶もそこそこ、さっそく「私が取材をしている男女同数議会である大磯町では、議員の全員が発言し、議論が活発すぎて延々話し合っているんです」と言うと、鈴木さんは開口一番「うらやましいー！」と声をあげた。びっくりして「そうなんですか？」と聞き返せば、「奇跡ですね。大磯町議会に行ってみたいです！」と、心底うらやましそうに言う。

「でも議論が延々長いから、なかなか決まらないみたいで、何年も同じ議題を話し合っていたりもします」となんだか言い訳するかのように返すと、鈴木さんにこう諭された。

「和田さん、それが民主主義ですよ。民主主義は基本的に時間がかかり、なかなか進みません。でも、その話し合いが大事なんです。なかなか決まらないで話し合っているということは、民主主義を守っているんです」

天啓が降りてきたようである。そうか！　そうですよね、これが民主主義なんですね。全力で納得した。私は民主主義がしっかりと遂行されているのを目の前で見てきたのか！民主主義ファン（?）の私としたことが！　イギリスの政治学者ジェームズ・ブライスが「地方自治は民主主義の最良の学校」と素敵に言ってくれ、大磯町議会小学校1年1組のはずが、鈴木美香さんに言われて初めて気づいて、そうか！と興奮した。それからは議会を見る姿勢が前のめりになったのは言うまでもない。

同じ意味のことを大磯町議会の吉川諭議員からも言われた。議会でいちばん若いのに委員長になった男性議員だ。

「議論は『多様性がある分、長くなる』んです。行政効果とか、議事録の作成代金とか、そういう意味ではコストがかかります。でも、民主主義はお金がかかり、無駄が多いように見えて、そうした議論の中から、いつ、どこで、何が、どう引っかかって繋がっていくかわからないから、決して無駄ではないんですよ」

ぶんぶん首を縦に振って頷く。そうだ、そうだった。民主主義とはコストと手間がかかるもの。意見が１００％合わなくても、合わないことを互いに確認し、議論を深めあるところで折り合って認め合う。コロナ禍になって、私はずっと「政治に参加するとは？」を考えてきた。どんなに手間であっても、私たちは民主制をとっていこうと自分でも書いてきたのに。「議会長いなぁ、疲れるなぁ」では、なかった。

そして、思う。この「多様性」のためには、まずは議会において女性と男性を同じ人数にするべきだろう。女性議員が男性と同じくいることで、視点が増え、多様性が生まれる。もちろん、その限られた多様性から実際にはこぼれ落ちてしまう人たちもいて、願わくばさらに多様なジェンダーの人たちや、年代も幅広く、障がいのある人なども議会にいてほしい。現実的にすぐにはそうならないのであれば、これまでほぼ中高年男性だけの物差しで決めていた議会に女性が半数入ることで、確実に視野が広がることをまずは確認したい。こぼれ落ちてしまう人たちをすくい上げる声も、そこから育っていくはずだ。

それでは、土庄町ではどうなんですか？と鈴木さんに尋ねた。議論は活発なのか？と。

「残念ながら、議論はあまり活発ではありません。ときどき想像するんですよ、議会の半分が女性になったら？と。ぜったいに、にぎやかになって何かが変わっていくだろうと思います。大磯町議会が本当にうらやましいです。土庄町では、議員という仕事は名誉職であるという概念からなかなか変われません。だから委員会で4年間、ほとんど発言のない議員もいます。でも委員会は傍聴もできませんから、町民はそれを見ていないんですね」

実は鈴木さんが議員を務める土庄町議会は戦後74年間、女性議員が一人もいなかった。取材を始めたばかりのころ、大磯町の二宮議員に女性議員がいない議会も取材するかどうか聞かれたが、ここはずっとそうだった。2019年、鈴木さんが当選して初の女性議員になったが、今もたった一人の女性議員だ（2023年現在）。

女性議員は、発言しづらいとかはありますか？とも聞いてみた。

「たとえば子育てについての議案とか、通りづらいとかじゃなくて、まず質問がしづらい、できない雰囲気があります。保育園で使用済みのオムツを保護者が持ち帰らなくてはいけないことを変えたいと質問してもまったくピンときてもらえないとか、壁がとにかく高いですね」

鈴木さんの言葉を聞いて、大磯町議会の長く、長〜い話し合いの秘訣は、男女同数の議員がいるからだと私は確信した。女性が増えることで、議会はしっかり話し合える場になる。女性が増えることで、議会は変わる。

〝パリテの議会は多様な視点で熟議され、民主主義を育てる〟

こう書いて、バーンと壁に張り出したい。鼻息を荒くしていたら「女性政治家が多くなると、議会が活性化されるということがある。概して女性議員の方が定例会や委員会で積極的に質疑をしている」（大山七穂・国広陽子『地域社会における女性と政治』東海大学文学部叢書）という記述を見つけ、本を抱えて大きく頷いた。昨今の、何もかも閣議決定、議論さえしない国会を思い出して、ああ、そこに女性議員が半数いたら？　そんな風にはなっていないかもしれない。

「女の人が出たのなら、そりゃあんたに入れるよ」

パリテである影響は、議会の中だけじゃなくて、外へも飛び出すんじゃないか？と、土庄町議員の鈴木さんと話していて感じた。鈴木さんの生い立ちや島の様子をあれこれ聞くと、大磯町とはまるで真逆だったのだ。

「私は土庄町で生まれ育ちましたが、ここでは基本的にふだん政治の話をするなんて、ありません。そういう風に教育されていますから。政治的なことを言っていると『就職に関わるよ』とか、『あの人は面倒な人だね』と噂されたり。産廃（産業廃棄物）問題に関わるだけで『あの人と話すと色がつくよ』と言われたりします。とくに女性は政治になんて触るもんじゃないという、不文律のようなものがあって。どうしても男尊女卑が累々と残り、女性はもぞもぞとした居心地の悪さを感じることがあると思います」

聞きながら、2021年に訪れた小豆島の青い空と瀬戸内海を思い出していた。島にはオリーブ畑が広がり、何でもそろう大きなスーパーがあって、オリーブの塩漬けを買ってきてホテルの部屋で食べた。「こりゃ、たまらん」と、おいしかったなぁ。鈴木さんだけじゃなく、おしゃべりをした地元の人たちはみな親切で、「また遊びに来たら、うちに泊まってってくださいね」と何度も言われた。作家の内澤旬子さんがヤギのカヨを飼って暮らしているのが小豆島で、その様子を書いたエッセイ『カヨと私』（本の雑誌社）を読めば、私もヤギを飼ってそこに暮らしたくなる。

一方で、大磯の青い空と、役場の目の前に広がる相模湾が浮かび、私が会ったギャラリーの鈴野さんや、〈パン富〉の英美ちゃん、お手伝いの天野っち、常連のよりちゃんを思い出す。ああ、〈パン富〉はロールケーキもおいしいが、チーズケーキが信じられないぐらいおいしいんだわ。一度、ごはんを食べる時間がなくてアタフタしていたら「あとで食べな」と、英美ちゃんがチーズケーキをお土産で持たせてくれたことがある。そのおいしさとやさしさにむせび泣いた。

どちらも自然豊かな場所で、おいしいものがあり、優しい人たちがいる。なのに、小豆島では女性が抑圧され、政治に触れることが嫌われるなんて……。隠された風景がある。大磯町はその真逆で、初めて会って30分でみんなと政治の話をした。鈴野さんも英美ちゃんも、氷河期世代とかコロナ禍に勤務先が廃業とか、とんでもない困難から這い上がって自ら店を作り、町を見つめ、盛り上げようと、市を開いたり、そこに参加したりもする。

地方議会がパリテであるかないかって、そういうことなんじゃないか？と思う。いや、そういうことだから、議会がパリテになる？　卵が先か鶏が先か？　女性が男性と同数である議会が20年続く町と、戦後74年女性議員がいなかった町では、町に暮らす女性が堂々と前面に立つとか、自由にやるとか、政治に対する姿勢とか、女性の在り方が違ってくるんじゃないだろうか？　もしや、鈴木さん以外の人に尋ねたら、また違う話をされるかもしれない。でも鈴木さんは女性として「もぞもぞとした居心地の悪さ」を感じて育ち、女性がたった一人の議会で質問一つするにも壁の高さを感じている。

そして、よりちゃんの暮らしを思った。大磯に生まれ育って暮らすよりちゃんは、年をとってから視力を大きく失うというたいへんなことに見舞われた。でも、周囲の誰よりも声がとにかく明るい。「あの人、元気ですよねぇ」と、町で噂話に出てくるほどだ。

一度、議会が長引いてお腹が空きすぎて「腹減って死ぬ」とメールをしたら、「冷凍で良ければ鶏五目ごはんをチンしてあげられるが」というので、議会の後でソッコー家を訪ね、ごちそうになったことがある。役場近くのドラッグストア〈クリエイト〉で、オレンジジュースと安物のお菓子を買って訪ねていくと、よりちゃんはひとりで何がどこにあるかを手で把握しながら暮らしていた。私の亡くなった祖父も目が見えなくて、そういう風に暮らしていたから、モグモグ鶏五目ごはんを食べ終えても、「この皿、このまま置いておいたがいいよね？」などと言って、図々しく洗いもしなかった。「なんでも自分でやるんだ？」と聞いたら、「そう。でも、前より何をするのも遅くなったけどね」と言う。それでもなんでも、ひとりで、自立して暮らす。今のやり方で、今の速度で。

不便でたいへんでしょう？なんて言うのは他人の感想だし、感じ方だ。施設に入って他人と暮らすのは「イヤだなぁ」と言っていた。年を重ね、目が見えなくても、見知らぬ誰かと集団で暮らすのは息苦しい。自分の人生だもん、小さなことも一つひとつ自分で決めて、自分の好きに生きるのがいい。それはあたりまえのことだ。それでもみんなに親切にされるのはすなおにうれしい。歩きづらい道に困って議員さんに電話して、すぐ見に来てもらった話は前にも書いた。相談したら、点字ブロックの設置にすぐ動いてくれたという。議員さんは身近で、気軽に相談できる相手だ。こんな風に「地域の中で暮らしている」ことが実感できるのはいいなぁと、よりちゃんの暮らしを見てしみじみ思った。女性が、ひとりで、目が見えなくても、自分の暮らしができるのがパリテの町・大磯なんだ。

とはいえ、小豆島だって希望は生まれている。「0と1」は、ぜんぜん違う。女性議員が一人でも誕生したことは本当に大きい。鈴木美香さんは言う。

「私が出馬した時は『女の人が出たのなら、そりゃあんたに入れるよ』と、七十代、八十代の女性たちがものすごく応援してくれたんです。『女の人が（議会に）おらないかん！』って言って。何がどうとかじゃなく、とにかく女の人がおらないかん、だから、あんた、頑張りなよって」

長く抑圧されてきたからこそ、島の女性たちは女性である鈴木さんを応援したんだろう。じゃ、もう一人、もう一人と女性が出馬すれば、当選していくんじゃないか？　希望はある。小豆島では移住してきた若者も増えているというし。小豆島の隠れた風景が青い空に呑みこまれてきれいに晴れ渡っていく日だって、そう遠くない。

日本全国に女性議員が一人もいない地方議会は254ある（全国1741議会の14.6%／2023年3月／全国フェミニスト議連調べ）。そこだって、まずは一歩ずつだ。一人でも女性議員が増えたら、女性の暮らしは少しずつ変わっていけるんじゃないか？　そして最初にも書いたけど、女性が暮らしやすい町は、さまざまな事情を抱えた社会的マイノリティみんなが暮らしやすい町になる。暮らしが整っていく。

「すぐにLINEできる友達」以外の地域のつながり

ところで、大磯駅から国道一号線を平塚方面にだいぶ行って、坂を少し上ったところに、日本画家の堀文子さんがかつて住んだ家がある。その庭に「ホルトノキ」と呼ばれる大木が今もあって、大磯の人たちで保存会を作って守っていると聞いて、一度見に行った。堀さんは人生の後年、ずっとひとりで生きて、ひとりで生きることを肯定し、『堀文子の言葉　ひとりで生きる』（求龍堂）という本も遺している。「自由でいることに命を懸けてきたような人間」と書く堀さんは、坂西志保さんに続く大磯町で女性のロールモデルとなる人だと思う。それで、これは行かねばと、うんしょうんしょ坂を上って見に行ったのだが、まぁ、なんて言うか、木は木だった。あたりまえだ。

ただ、その木を見終わって帰ろうと坂の上から国道一号線を目指そうとしたら、向こうに海が広がりキラキラ光って見えて、わぁ〜と思った。なんていいところだろう。こんなところに暮らしたら、いろいろなことがはかどりそうだ。大磯は堀さんのような芸術家や文化人が多く移り住んだ別荘地、移住地として、長く知られてきた。

「昭和の時代、銀座にあるものはすべて大磯にあるって言われてた。そんぐらい、大磯っておしゃれな町だった。『本籍は東京・六本木』なんて人が別荘として大磯に家を買って、最終的には移り住んじゃうとか。リベラルな気風でどんな個性も面白がって受け入れ、へんてこな服とか着ていても大丈夫なんだよ」

〈パン屋の富田〉をお手伝いする天野っちからそう聞いて、なるほどぉと思った。そうやっていろんな人が外から入ってきて、この町を気に入ってきた。実はけっこうとっぴなことが好きな気質があって、天野っちが私とよりちゃんを車に乗せて連れてってくれた大磯の郷土資料館には1950年代、まさに銀座にあるものはすべて大磯にあったころ、国道一号線を封鎖して行われていた「カーニバル」（仮装行列大会）の写真や映像が展示されていた。年に一度の町をあげての行事で、大磯の地域ごとにチームを作り、宇宙人だの三蔵法師だのハリボテの人形を作って山車《だし》で曳いたり、地元に住んでいた吉田茂首相に扮してみたり、今ではNGな美人コンテストをやったり。民俗学的に何ら意味もなさそうなカーニバルの審査員を、大磯に住んだ作家の獅子文六らが行っていた。目の見えないよりちゃんに、どう説明したらいいものか？　見たまま「大きなタコが踊ってる」とか「浦島太郎が亀に乗っている」とか意味不明な解説をして、「何それ？」とゲラゲラ笑われた。

それで、私が小学生のころには「こども会」なる集まりがあって、地域の公民館でカーニバルじゃないけど劇や歌を発表してはお菓子をもらったりしたのを思い出した。今も、そういうのはあるのだろうか？　都会にひとり暮らしていると、地域の集いみたいなものからとんと離れてしまう。都会のひとりは地域の中ではずっとひとりで、町の誰かとつながりにくいって思う。

２０１１年の東日本大震災の時に私は近所のコンビニでバイトをしていて、不安を抱えた近所の人たちが１日に何度も買い物に来てはレジの前で話をしていたのを覚えている。家の近くの裏道を歩いていたら新しいマンションが建っていて、「以前はここ一軒家で、玄関の前に椅子を出しておじいさんがいつも座っていたなぁ」と思った。玄関の前は銀行の裏口で、特に何があるってわけじゃない。それでもひとりポツンと椅子に座って路地を眺めていたおじいさんに、一度でいいから「こんにちは」と声をかければよかった。

町で近隣に住む人たちが集う場所や機会って面倒でも、やっぱりあった方がいい。大磯に行ってつくづくそれを感じるようになった。私も堀文子さんとまではいかなくても「自由でいること」を大切にしてきたけど、ひとりで暮らすのと孤立することは違うはずだ。

よりちゃんが助けられ、〈パン富〉の英美ちゃんが作ろうとしているような、わいわいと友達にはならなくても地域の人たちがゆる〜くつながる、そんな場所や機会を私も作っていけたらいい。そういう場所に誰彼なく自発的に好きな時に集えれば、ジェンダーや国籍や年齢や経済格差などの分断も自ずと埋まっていくんじゃないのかな？　甘い？　そうかもしれないけど、でも、年をとればとるほど、「すぐにＬＩＮＥできる友達」とは違った、「ご近所さん」のつながりがどんどん大切になっていくように思う。集まれ！ご近所さん、だよね。

やりたくない人に基準を合わせるのをやめてみる

〈ギャラリーｕｍｉｎｅｃｏ〉の鈴野さんが有能な秘書のようになって、会う段取りをつけてくれたＰＴＡ会長の亀倉弘美さんと、ＰＴＡ広報誌を作る笹田美帆さんは、まさにそういう地域の人と自然に楽しくつながるのが得意な人たちだった。二人には２０２２年の梅雨のころ、鈴野さんのギャラリーで会った。ママチャリでキキーッと乗りつけ、「こんにちはー」とやってくる。亀倉さんたら、金髪！　ああ、活動的な方々だわ、とすぐわかった。正直なとこ、ふだんＰＴＡのお母さん、お父さん方にはまったく縁がない。どんな人たちが来るのだろう？と思っていたけど、会って3秒、好きーっと思った。

考えれば、私が日ごろ共に仕事をする子育て世代の編集者の方々も、仕事の一方でＰＴＡの役員だったりするのかもしれない。なにせ私には子どもがいないから、そういう話をふだんしないんだよなぁ。今回、大磯町議会の議員のみなさんにあれこれ話を伺う中でも、女性も男性も「元々PTAの会長、副会長、役員をしていて」という方々が複数いた。竹内恵美子議長も、最初にアドバイスをくれた二宮加寿子議員も、男性では議会でいちばん若い吉川諭議員もそうだ。PTA活動が地域社会へ参加するはじめの一歩となり、時にはそこから議員への道が開けることもあるのかもしれない。ただ二宮議員に尋ねたら、「そう簡単なものでもないですよ。私は大磯町の社会教育委員や体育指導員など様々なボランティア活動に勤しんでいたところへ支援団体から『前任者が辞められるので、どうでしょうか？』と声をかけられ、半年以上の面談を重ねて立候補が決まりました」という。なるほど。政党や団体の公認候補に選ばれ、立候補して議員になるにはそれ相応の手順があるようだ。それでもPTA活動が選挙に限らず、地域社会に参加する窓口になるのは変わらないだろう。

なのに、PTAってのはどうも不人気だ。任意加入であるにもかかわらず「体育館に集められて強制的に参加させられた」とか、「女性は下働きで、男性が会長など役職になる」ことが多いらしい。なんてよろしくないのだろうか。

亀倉さんがそこから、話を始めた。

「私は2021年に大磯小のPTA会長になって2年目です。入学式の後に体育館に閉じ込められて役員を決めるような旧来のPTAの在り方を私の前に会長だった鈴木一成さんが廃止にして、それを引き継いだんですが、その前のことはごめんなさい、よく知らないんです」

亀倉さん、以前は東京・杉並区に住んでいたが大磯に移住。子どもが小学3年生の時に大磯小PTAに加わった。「杉並区なら、近くに住んでいたんですね」と笑い合うと、笹田さんが以前との違いを話してくれた。お二人は、なんか、いいチームって感じだ。

「2020年、鈴木さんがPTA会長になって改革が成し遂げられたんです。私はその改革が始まる前からPTAの中にいたんですけど、当時は強制で『いやだなぁ』と思ってやっている人がベースになっていたので、逆に『やりたい』と思う人の肩身がせまかったですね。『そこまでやることないんじゃない?』って感じの空気で孤独になる。『頑張ることは他の人の迷惑なのかな?』って思わされてしまうみたいな」

やりたくない人はやらないでいいから、やりたい人をただ見守ればいい。何もみんな同じ歩幅になる必要はないよなあ。とはいえ、「やりたい!」と手が挙がることは他の地域だとあんまりないのかも。大磯小PTAは、特別に面白そうだもんなぁ。

「以前はそうやって、やりたくない人に基準を合わせていたんですよね。でも今は任意加入制でみんなが『やりたい』から、多少の意見の衝突はあっても、それはプラスのエネルギーなのでパフォーマンスは上がって楽しくてワクワクする企画が次々生まれます。それは子どもにも先生にも伝わるんです」

亀倉さんの言葉に、私も〈ギャラリーｕｍｉｎｅｃｏ〉の鈴野さんも大いに頷く。やりたい人が集まってワイワイそれぞれ好きなことを好きにやれば、ぶつかるように見えて、実は回っていくはずだ。

そうなると、気になるのが、ＰＴＡ改革を始めた鈴木一成さん。一体どんな人なんだろう？と思って亀倉さんに紹介してもらい、また後日に話を聞いてみた。鈴木さんは「簡単に言えば、楽しそうな団体じゃないから、変えようとしたんです」と言い、これにまた私は大いに頷いた。

「ＰＴＡ活動は全国的に、ボランティアにもかかわらず強制的にやらされていて、保護者が有意義に活動しているならともかく、一から見直すべきだと思いました。でも、どんな事でも変えるというのはたいへんです。たくさんのパワーを使い、良い方向に向かおうとしても反対する人はいます。それでも話し合いを重ねて一つになれたことが改革できた理由です」と、鈴木さん。

反対する人は必ずいるから、話し合いを重ね、折り合っていく――これが大磯の文化なんだと、だんだんわかってきた。私たちがついつい端折るソレ。それが大事だ。

それで、改革が進んでどうなりましたか？と、私は亀倉さんと笹田さんに聞いた。

「改革の前は、たとえばＰＴＡが保護者に渡すお手紙も妙にへりくだって書いていました。でも、なるべくフラットに、私たちみんな同じ保護者だよねと書き方も変えました。また、何かあっても恥ずかしいから言わないでおこうじゃなくて、これはこういう問題だから、こうしようと話し合うとか、上下関係がなくなって、自分で考えて動き始めました」

と、笹田さんが言うと、

「広報をしてくれる（笹田）美帆さんがいたり、男性が入りにくいＰＴＡという場所にお父さんたちが入ってきて、みんながやれるようになると、横を見て『自分も何かできるかな？』と思えるようになってきますよね」

そう亀倉さんが言う。自分で考えて動きだせば、何かやれると思える。ほっぺたがカッと熱くなる気がして、すぐに「ＰＴＡみんな、議員になったらいい！」とか私は言ってしまう。亀倉さんは笑って「議員になるかどうかは置いといて、でも、住民自治の意識が育つといいですよね。生活者として直結するじゃないですか」と言ってくれ、震えた。それなんだ、それ。住民自治の精神！　それが大磯小ＰＴＡで育っている。

「地域のことは、その地域に住む人たちが自らで考えて、決める」（野村憲一『いちばんやさしい地方議会の本』学陽書房）こと、それが住民自治。民主主義の基本になる。大磯小

ＰＴＡでそれが育まれているって、やはりパリテの町だからこそじゃない？　また思う。こんなことが育つからパリテができるんじゃない？って。卵が先か鶏が先か？　パリテの議会で民主主義が育ち、町にも民主主義が育つ。

えっと、ちょっと確認しておきたい。せっかく本で読んだので書きたいって話もあるけど、住民自治は地方自治における両翼の一翼を担っていることをお伝えしておく。

何度も引用するジェームズ・ブライスの「地方自治は民主主義の最良の学校であり、その成功の最良の保証人である」という言葉は単なる理想ではない。地方自治に関しては憲法92条に「地方公共団体の組織及び運営に関する事項は、地方自治の本旨に基いて、法律でこれを定める」と書いてある。この「地方自治の本旨」というのは「住民自治」と「団体自治」を指す。「住民自治とは、地方自治が住民の意思に基づいて行われるという民主主義的要素であり、団体自治とは、地方自治が国から独立した団体にゆだねられ、団体自らの意思と責任の下でなされるという自由主義的・地方分権的要素である」（参議院憲法審査会）という。

憲法の解釈は難しい。でも憲法は私たち住民に、議会と首長（大磯なら町長）から成る行政機関と並んで、主体的にワッショイワッショイ二人三脚のイメージで一緒に歩んでいきなさいＹｏ！と言っていると私は解釈する。私たちみんなが地方自治の担い手なんだ！と考えてひとり胸アツになる。

住民自治はすごく大切だ。でも、そうは言ってもなかなかそれを「はい、きた！」「ほいよ！」と担うのは難しい。一体どこから手をつけたらいいのや？となる。それを楽しくワイワイPTAという場で育み、実行する大磯小学校の保護者のみなさん、ものすご〜く頼もしい。私の（誰か議員にならないのかな？）という妄想も、いや、妄想では終わらないんじゃないかな？

自分の住む町をDIY！

亀倉弘美さんと笹田美帆さんとは2時間以上も話をした。私が中野で買っていったお菓子をモグモグして、〈ギャラリーｕｍｉｎｅｃｏ〉の鈴野さんが何度もお茶を淹れ替えてくれてゴクゴクし、4人であれこれおしゃべりした。そろそろ話も終わるか、というころに笹田さんが一人から始めたという〈大磯古道山道つなげ隊〉の活動を教えてくれた。ちなみに笹田さんはイラストレーターでもあり、ペンネームの「オダギリミホ」としてそこの代表を務めている。

オダギリミホさんこと笹田さんは、「土中環境を意識して山を整備する講座を受けた時、このやり方なら私でも何かできるかもしれないと思って。講座の後に質問タイムがあり、手を挙げて、大磯の山をよくしたいけど、私一人でも何かできますか？と質問したら、できます！と力強く言われ、その時にパッと、まさに道が開けたような気がしたんです」と言う。

そこから始まった活動は仲間を集め、山に入っていくもの。

「大磯の山には昔使われていた山道があるんですが、足を踏み入れられない場所が多くて。そこをきれいにして、復活させ、歩けるようにしたい。かつて使われていたのに今は使えなくなってしまっている道を復活させて、地図に載せたいんです」

瞬く間に私の目の前に山の道が広がって見える。大磯は駅を降りると目の前に山がある。もみじ山や羽白山《はじろやま》というらしい。笹田さんはＰＴＡの仲間だけじゃなく、近所やＦａｃｅｂｏｏｋから「やりたい人」を募り、月に何回も山に入る。町に申請し、町民活動推進補助金を得て活動費にあてている。木の枝を伐り、丸太を運んで階段を作り、草を刈り、道を作る。う、うらやましい！　Ｆａｃｅｂｏｏｋのページに私が「これってイギリスのフットパスみたいなものですか？」と書いたら、「フットパス！　それを目指したいんですよー。大磯ならではのフットパス！」と返信をくれ、うっとりした。私は、その道を歩きたい。あ、もちろん道を作る作業は体力的に無理ですよ、ええ。そういう判断だけは冷静にできるんです。

イギリスのフットパスは私の長年の憧れだ。憧れだけで行くことはないだろうが、イギリスには全土を歩いて回れる道が通っている。「ピーターラビット」だの「きかんしゃトーマス」だのがニョキッと出現しそうな丘も川辺も人の家の庭も、自由に誰もが通れるようになっていて、そういう道を笹田さんは大磯に作っている。うぉ〜！　目をつぶって妄想する。原稿書きに疲れた日にはリュックを背負って、中にはオニギリと水筒とお菓子。ウォーキングポールを両手に、ザクザクザクザクっと歩く……って、まさに高齢者あるあるの姿じゃないか。でも、いいんだ。高齢者になるんだから。私は大磯の山を歩きたい！

それで思った。これってとくに政治的ではないけれど、社会運動なんじゃないかな？Ｆａｃｅｂｏｏｋのページには「一緒にあちこちつなげていきましょう！」と書いてあった。大磯の山で、埋もれている道をつなげながら、人もつなげていく。笹田さんは「これまでふさがっていた道がつながると、思わぬ所でご近所さんになって、本当に人と人がつながるんです」と言う。人と人がつながれば、きっといろいろなことがここから生まれ、育っていくだろう。たとえば町民が集い、憩う場ができたり、小学生が遠足に訪れたり、もっと遠くから人がやってきて、観光の目玉になったりするかもしれない（いやらしい算段）。

そもそも私たち、こんな風に公共の場で、自分たちがやりたいことをやるって許されると思っていない。迷惑をかけまいとか、勝手なことはするまいと思いがちで、路上でデモる人を冷たい目で見て「迷惑だわ」とか言ったりしがちだし。でも、こうやって山に自分たちで道を拓いていい。PTAも頼もしいが、この〈大磯古道山道つなげ隊〉の活動も、なんて頼りになるんだろう、と思った。

となれば、また言いたい。卵が先か鶏が先か。パリテのある町は、住民がこうして自分たちで公共を作っていけるんじゃないのか？と。「他の町でもやってるさ」と言われたら、そうさ、他の町でもやっているだろう。でも、確実に大磯で、女性が一人から始めて、町がより住みやすくなるように、公共を作っているんだと言いたい。

ああ、私もそういうことがやってみたいなぁ。ずいぶん前から、そうそう、10年ぐらい前から町にベンチを置きたいと思ってきた。歩いていて、自分も疲れてどこかに座りたいと思う時がある。年をとれば、なおさらそう感じるだろう。なのに、東京の道にはめったにベンチがない。

大阪に相撲の世界選手権を見に行った2019年秋、大阪市城東区関目で町にベンチを作る活動「赤いベンチ・プロジェクト」を行う、岡本善一郎さんという方をアポなしで訪ね、話を聞いたことがある。一人では臆してしまうけど文筆家の金井真紀さんが一緒だったから、エイヤッとピンポーンを押した。岡本さんは快く迎えてくれ、足を怪我した時に松葉杖で街を歩くのがたいへんで、「自分より高齢の人はもっとたいへんだろう」とベンチを作ることを思いついた話をしてくれた。カフェを経営し、地元の地域振興会長をしている。まずは自分の店の前から、屋根のある商店街の通路に、銀行の前、病院の前と増やしていった。自分たちでベンチも作り、目立つように赤く塗った。それはニュースになって、今では町のシンボルになっている。岡本さんの話に興奮して、ベンチの写真をジャカジャカ何枚も撮って、帰ってきた。

大阪から戻ってしばらくしてから、区議会議員をしている友達に写真を見せて「町にベンチを作れないだろうか？」って相談した。すると彼女が「そういう声は他でも聞くので聞いてみますよ」と、いくつかベンチを置かせてくれそうな病院や信用金庫にあたってくれたんだけど、なかなか「いいよ」というところはなかった。東京の歩道は狭く、そもそも道路は東京都のものだし、じゃあ、駐車場にとなると、これまた狭いから難しい。それで私はあっさりあきらめて今に至る。

やればできる。でも、やれないのは私が本気になってないからかもしれない。何より、本気でベンチが作れると思えないのが問題じゃないだろうか。でも、大磯ならもしや実現できるんじゃや？となんとなく思える。〈ギャラリーｌｕｍｉｎｅｃｏ〉や〈パン屋の富田〉

がある東海道線の線路沿いの道、そこから高架下をくぐって山へ上がっていく道のあちこち。海の方へ伸びる路地。そこに「ベンチを置きたいのですが、もちろんベンチは自分で作ります」と言ったら、置かせてくれそうな気がする。大磯はそういうハードルが低そうなんだ。いや、実際にはやっていないからわからないけど、そう思えることが大切な気がする。ＰＴＡや、古道つなげ隊、英美ちゃんの〈とうかん市〉と、町の人がどんどん自分から始めるのも、それができると思えるからだよね？　大磯はそうやって、自分が町を変えられるって思える町なんじゃないか？　それはもちろん、パリテの町だから、そうなんじゃやないの？と、またしつこく、しつこく、言っておく。卵が先か鶏が先か。

「私なんか褒められるに値しない」という思い込み

〈大磯古道山道つなげ隊〉を始めた笹田美帆さんにしろ、〈ギャラリーｕｍｉｎｅｃｏ〉の鈴野麻衣さんにしろ、「できます！」と一人から始めたり、「やれることはやってきたと思います」と胸を張ったり、大磯の女性たちは「私はできる」と堂々としていることに気がついた。そのたびに私は口をすぼめて「ほぉー」と感嘆するばかりで、自分ではなかなかそうは言えない。どちらかと言うと、「できないよねぇ」と笑って肩をすくめ、自分にダメ出しをする方がずっとラクに思えてきた。とくに40歳を超えてバイトに明け暮れる生活をするようになってからは、私は肩身をさらにギュッとすくめて生きていたと思う。

今は友人が貸してくれている家に間借りする私だけれど、その前は外にある階段をカンカンと上っていく部屋に住んでいた。隣は新しくて小ぎれいな一軒家で、小さな子どもがいる。よく外でお父さんやお母さんと子どもが遊んでいて、親子が外にいるのを通りの向こうから見つけると、私はクルリと踵を返して元来た道を戻り、しばらくしてから家に入るようにしていた。恥ずかしかったんだ、いい年をして、外階段を上って古いアパートにひとり入っていく姿を見られるのが。大家さんはいい人で、あれこれリフォームしてくれ、生活するに不便はなかった。隣の人だって、私がどこに住んでようと、気にもかけてないだろう。でも、貧しく、ひとりで暮らす自分が悲しかった。自分が何かをできるか、何かをしてきたとは、とても思えなかった。

元々私が音楽ライターをしていたことは、何度も書いた。思い出せば、そのきっかけは高校時代、海外のロックやポップスを日本に紹介する音楽雑誌「ＭＵＳＩＣ ＬＩＦＥ」に出会ったことだ。

１９３７年に生まれ、日本の音楽文化を牽引していた「ＭＵＳＩＣ ＬＩＦＥ」では、１９６３年から３代続けて女性が編集長だった。編集部員も大半が若い女性たち。女性が作る、当時としては（今も？）画期的な雑誌で、第一章で私が「日本における海外ポップスの振興は湯川さんを筆頭にして女性が担っていた部分が大きかった」と書いたのは、そういうことだ。そして、「ＭＵＳＩＣ ＬＩＦＥ」こそ私にとって最初のロールモデルだったと思う。

何がいいって、60年代ビートルズの時代から主に若い女性編集者が海外へ飛んでは時のスターに会い、スターと編集者のツーショットがページを飾った。しかも、そのスターはまだ新人の時に彼女たち自身が見出し、「ＭＵＳＩＣ ＬＩＦＥ」誌上で常日ごろからキャアキャア推しまくり、自らの手で日本の洋楽ファンの間でスターに押し上げたのだ。ほんと、いつも「好き」が基本にあった。

しかも見せ方がうまいんだから。相手がビートルズでもクイーンでも、自分たちの世界に引きずり込んだ取材をする。法被《はっぴ》を着てもらい、日本的な玩具やグッズなんか持たせ、来日すれば寺や神社でポーズを取ってもらったり、お茶まで立てて飲ませてはグラビアに飾る。女性編集者たちは大胆で物怖じせず、楽し気でサイコー。60、70、80年代、女性たちがこんなに生き生きと自分の好き！を極めて働いていたことに、私は今こそ感動する。

高校生の私はだから、「ＭＵＳＩＣ ＬＩＦＥ」を貪るようにして読んだ。当時の編集長だった東郷かおる子さんが「推し」ていたダリル・ホール＆ジョン・オーツというアメリカのデュオのファンになって、東郷さんとわいわい一緒に推している仲間意識がうれしかった。グラビアページにあった写真を美術の時間に模写して友達に見せ、「似てるよね？」「うん、似てる」なんて授業中でもキャアキャアする。私は「ＭＵＳＩＣ ＬＩＦＥ」を通じて音楽ファンになり、「これが好きなのだから好き」と自分の好きを貫いていけるようになった。私が決める、私の意思を持てた。

それで当然、「いいなぁ、私もこういう仕事がしたい」と憧れた。そう思っていたら、その「ＭＵＳＩＣ ＬＩＦＥ」から「うちで原稿を書きませんか？」と19歳のある日、とつぜん手紙をもらった。手作りしていた音楽のファンジンを送ったら編集者さんが読んでくれ、誘われたんだ。「すわっ！　私もあの世界へ！」と舞い上がったが、与えられた仕事は小さな音楽ビデオの紹介コーナー。毎月、家で数本のビデオを見て、コツコツ紹介文を書く。理想と現実はなかなか遠く、就活でその版元を受験もしたが、書類審査で落ちた。それでも私は飽きずに音楽ビデオの紹介文を細々と書き続け、やがてその仕事が広がった。

ああ、こうして書いてみれば、私は音楽が好きで、ひたすらその一念に支えられ、一生懸命にやってきたじゃないか。「やれることはやってきました」と胸を張っていい。なのに、そうはできないいままずっと生きてきた。ひとりで生きることへの負い目だけじゃなく、仕事が不安定で生活がままならなくて先の見通しが立たない。「あ〜あ、何しても私ってダメだなぁ。なんでこんな生き方を選んじゃったんだろう?」と、自分にダメ出しばっかりしていた。

2021年夏、『時給はいつも最低賃金〜』という長いタイトルの本を出したことは最初に書いたけど、この時こそ私の自己卑下は極まった。なんでか?って。その本は人生これまでの分を全部まとめましたというぐらい一斉に大勢の人に褒められ、ありがたく誇らしげに思う瞬間はあれど、たいていの場合は褒められれば褒められるほど、「今、あなたは誰に話しているのですか?」と周りをキョロキョロしたくなった。お尻がもぞもぞして居心地が悪く、「私は和田靜香ですよ。褒められるわけがありません」と思い、「たまたま、なんか、まぐれ当たりしてるだけで、私は中身ないの、ごめんねー」って何度も心の中で叫んでいた。「やめて、やめてー」と、あっちの方に駆け出していた。

その感情に折り合いがつけられたきっかけは、パリテに関する本を読み漁ってる時のことだ。政治学者の三浦まりさんが「インポスター症候群」について書いていた。

「女性は自分が業績をあげたとしても、正当に評価されたのではなく、自分はインポスター(詐欺師)だ、本当はまだまだ努力が足りないのに世間を欺いているという錯覚に陥ってしまうと言われている」(『エトセトラ VOL.4』エトセトラブックス)

インポスター症候群は1978年に二人の心理学者が命名した心理的な状態を指すも

ので、インポスター(Impostor)は「詐欺師」「ペテン師」という意味だという。三浦さんは「ここから抜け出すためには、女性の自己評価は低くなりがちだというバイアスを自覚することが大切だ。自分を褒める、周りの女性を正当に評価するという心の習慣を持ち、エンパワーメントに繋げていきたい」と書いている。一読して「ドヒャー」となった。「キャ〜ッ! 三浦先生〜〜っ!」と心で叫んで跳ね跳んで、パリテを学ぶことはまず私自身を救うことになった。

それからはバイアス、バイアスって、ぶつぶつつぶやいた。言葉として「概念」が与えられるって、なんて素晴らしいことだろう。どうしても長い間の思い癖で自分は努力が足りないダメな人間で、みんなを騙している詐欺師だと己を罵ってしまうけど、そうじゃない、バイアスだって、自分に言う。さらに大磯で次々に女性たちとたくさん話をすることも、私の背中を押してくれた。

私は自分になかなか自信を持てないという話を、〈パン屋の富田〉をお手伝いする天野っちにしたことがある。そしたら、「そうなの? 私は自己評価が高いのよ」と言う。「そう思うことが得意なんだ」って。「(店主の)英美ちゃんも、そう言ってたよ。お金はないけど、できる気がするって」と教えてくれた。そういえば、私にもソレ言ってたな。

私より一世代上の天野っちは30年前に大磯に引っ越してきた。子どもが3人いて、その前は大磯の隣の二宮町に住んでいた。「今の二宮は女性町長がいたりで変わったけど、当時は息苦しい土地柄だった。海外赴任に行く人がその間だけ住んでいた家を貸すというのがあって、そこにいたんだけどね。大磯はセンスが良くて自由な感じがして、結局こちらに移ってきた」と言う。それから娘と息子たちを育てながら、いくつか仕事をしてきた。

とにかく面倒見のいい天野っち。私にも「駅に何時に来るのかわかれば迎えに行くよ」とか車を出してくれたり、お茶やケーキをごちそうしてくれたり、人を紹介してくれたり。たまたま〈パン富〉で出会って、何度か話をしただけのころからずっと手放しに優しい。思い出せば、大磯の女性たちはギャラリーの鈴野さんもそうだし、会った回数とか関係なく、そういう風になっているというか、そんな風に動く人ばかりだ。それは鈴野さんが言っていたように、「最初から相手を疑わ」ず、「楽観的」で、「根拠のない自信がある」から？いやいや、根拠あるよね？

なんで自信が生まれるの？と天野っちに聞いた時、「それは『これでいいのだ』なんだよ」って言ってくれた。赤塚不二夫？「うん。私は大磯に来て、郷に入った。染まった。大磯って一生釣りのために生きてやる！みたいな人がいたり、何をしても面白がってくれて新参者でもウエルカムしてくれたからね。これでいいのだ、って。大磯はそういう人の集合体なのかも」と言われて、なるほど！と思った。「どんな個性も受け入れる」って、前にも教えてくれたよね。

それって、女性が立候補しやすい土壌も作ってない? 大磯町議会の副議長である清田文雄議員も「大磯は女性が新しく移住してきたりしてお店などを始める方が多く、何かを始めやすいというのはあるかもしれません」と話していた。何をしても面白がって認めてくれる大磯町だから、女性が自信を持って立てるんじゃないか?

そして、『時給はいつも~』を書いていた時のことを思い出してみた。そもそも私は、私自身を得ていくためにその本を書いていた。私らしいふざけた部分や、楽しさ、ずるさ、愚かさをそのままに、生きていく力をつけていこうとしていた。それをたくさん褒めてもらったのなら、私はそのままでいいじゃないか。何も私は詐欺師なんかじゃない。自分の腕やら腿やら胸やらをポンポン叩いて、「よしよ~し」と言った。ムツゴロウさんかっ⁉

大磯小学校のPTA改革をした鈴木一成さんが言っていた。

「頑張っていると、頑張っている人と出会えてその輪が広がっていって、その人たちと有意義な時間が過ごせて、自分も持ち上げてもらえて成長できる。自分一人の考えなんてちっぽけで、いろいろ考えている周囲の人たちからいつも助けてもらっています」

ああ、そうだ、そのとおりだ。私もそうする。そうしたい。私は頑張りたい。ずっとやりたい仕事をやれないで、頑張りたいのに頑張れないできたんだから、今度こそそうしたい。でも、一人で頑張るのはたいへんだから、大勢の人と頑張りたい。そして一緒に成長していきたい。そうやって生きていきたい。

第四章
選ばなかった「妻」「母」の道

56歳で大学入学、59歳で初当選?!

2022年の夏からようやく、大磯町議会のみなさんに話を伺えることになった。最初に話を伺ったのは大磯町に歴代6人いる女性議長のうち、5人目となる奥津勝子議員。小柄で、ゴムまりが跳ねるように元気の良さが伝わる。2013年から2年間、議長を務めていた。

「議長ってどうやってなるものなんですか？」

まず尋ねると、「私の時は立候補ではなく、指名推薦という形だったんです。前任の渡辺順子議長の時に私が副議長をしていたから、ということもありますね」という。

2011年から2015年の4年間、大磯町議会は2代続けて女性議長だった。その4年間とは女性議員が8名、男性議員が6名と、女性議員の方が多かったころだ。

さらに「女性議長だからと、イヤなことはありませんでしたか？」と聞けば、「とくに問題はなかったです」と言う。

「大磯町議会の女性議長は、ずっと最初からそんなだったんでしょうかねぇ」

私がつぶやいたら、「どうでしょうか。鈴木さんに聞いてみる?」と奥津議員が言う。

「鈴木さんて、初代の女性議長さんですか? お会いできるんですか?」

前のめりで聞き返すと、「会えますよ。私が連れて行ってあげましょう」と言ってくれた。よもやお会いできるとは思っていなかったので、「ありがとうございますっ!」と力強く答えた。

後日、私は奥津議員と鈴木美保子さんのご自宅に向かった。1985年から2年間、大磯町議会で初の女性議長を務めた人だ。ちなみに全国で見れば、1964年8月に奈良市議会に阿波谷《あわたに》あさ子さんという女性議長が誕生している。おそらくこの方が日本初の地方議会での女性議長。戦争未亡人で子どもはいなかったと、当時の新聞記事にある。その後1968年に東京・練馬区に、1971年には東京・目黒区と板橋区に、1973年には兵庫県・尼崎市にと、主に都市部から女性議長は誕生していて、町村部での女性議長は鈴木さんが日本で初めてだ。

鈴木美保子さんは今も大磯町内にお住まいで、お宅に向かう道々、奥津議員の生い立ちを聞く。実家がお肉屋さんだったこと。4人兄弟の長女で、高校を卒業してパイロット万年筆に技術職で就職するも、家業の手伝いをするために会社を辞めたこと。「家の中には男尊女卑みたいなものはなく、母は店に出て働き、ハキハキしていた。私もその影響を受けてますね」ってことも。ああ、〈パン屋の富田〉の英美ちゃんが言っていた、女性もどんどんお店を切り盛りしていく大磯物語、アゲインだ。

そして「結婚して子どもを4人育ててから、56歳の時に通信教育で大学の教育学部に入ったのよ。大学は6年かかって卒業して、その途中の59歳で議員になってね」と言われ、「えーっ?!」と声が出た。59歳で初当選? 「女性でそれは珍しくないですか?!」「そうね〜」「体力的には?!」「けっこうなんとか」「すごいっ!」

奥津議員は2022年時点で任期が5期目となり、大ベテランだと知った。いつもゴムまりが跳ねてるみたいな、と思っていたから、心底驚く。女性議員というと二十代の若い人が初当選すると歓迎され、注目されがちだけど、その逆。初当選した2003年は、大磯町議会でパリテが成立した選挙だ。所属する公明党という支持母体があるとしても、大したチャレンジだと思う。私は57歳で老いを感じているというのに、59歳で初出馬して当選し、それから20年も議員を務めるなんて! 年を重ねてから「やる!」と覚悟を決めるって、若いころよりずっとたいへんだろう。

議員に挑戦するってどうして決意できたんですか?と聞いたら、「ずっと声はかけられていたんですが、その年になったら主人が『自由にすればいい』と言ってくれたから、じゃ、やりましょうって思えたんですよ」と言う。パートナーや子どもたちの理解が、女性が議員になることには今も欠かせない。

奥津議員は議長職を終えてからも、2022年には予算特別委員会の委員長を務めていた。2020年12月の定例議会では、「性的少数者（LGBT）への町の方向、考え方は」という一般質問をしている。2022年、大磯町では「パートナーシップ宣誓制度」が開始され、性的マイノリティの方だけではなく事実婚のカップルも利用できる制度が生まれている。

中高年女性の議員への挑戦は年齢的に「そこから県議会へ、次は国会議員へ」という議員としてのキャリアアップにつながりづらいこともあって、あまり評価されないらしい。そうなのかなぁ？　私は素晴らしいことだと思う。地域のことを考え、解決していくのに年齢は関係ないし。ずっと非正規で働いてきた女性、介護離職をしてその介護を終えた女性など、社会的な問題を抱える当事者の中高年女性たちがザザッと立ち上がって、ビヨンセの「フォーメーション」を♪オーケー、レディース！と、一斉に踊る姿を想像し、私は一人ウッフフと笑った。

「子どもがいてこそ一人前」という呪い

そんな話や妄想をしているうちに、鈴木美保子さんのご自宅に到着した。伺うと伝えてあったので、玄関で鈴木さんが待っていてくれた。「こんにちは、はじめまして〜」挨拶をすると、「はい、そのスリッパはいて」と用件のみをサクサク言って私たちを先導し、すたすた部屋に行く。今も大磯町役場の歴代議長の写真に飾られた面影のまま、黒縁の大きなメガネをかけてキリっとして、無駄な愛想笑いなどしないって感じだ。ただ耳が遠くなり、さまざま忘れがちで話がなかなかおぼつかない。昭和6年生まれの、御年91歳だという。お年を思えば当然だ。

それでもソファに向かい合って座れば、当時のことをポツポツと語ってくれる。

「私は39歳で議員になりましたが、それは子どもができないから、もういいやと思ったのがきっかけでした。それから7期やりました。元々は柏原ヤスさんという公明党の女性初の参議院議員の方がいらして、私に出るよう強く進めてくださったんです」

最初からいきなりドキッとする言葉を言われ、戸惑った。「子どもができないから、もういいやと思ったのがきっかけ」とは、なんと答えたらいいかわからなかった。その気持ちを理解することは難しい。でも90歳を超えた今も鈴木さんからその言葉が出てくることに、私なぞ入り込んで何かを言うことはできないと感じ取ることはできる。子どもを産みたいと思うことがなく「産まなかった」私と、産みたいのに様々な理由から「産めなかった」方との間では、感情面での差がずいぶんと大きい。

しかし、「産まなかった」一人の女性として、「子どもがいてこそ一人前」とか、「子育てというお役目を果たす」とか、「子宮が空っぽのままの人にはわからない」といった言葉はそろそろ止めてほしいとお願いしたい。どれも実際に私が二十〜三十代のころ言われたもので、今も覚えていることに気がつくと、ああ、私は子どもを産み、育てたいと思ったことはないけれど、そうしない自分へ注がれているであろうと想像できる世間の目には、やっぱりどこかで、なんとなくずっと違和感や負い目を抱いてきたんだなぁと今こそ気づいた。苦しんできた、とは言わない。でも、ゴツゴツと異物感があり、平らかにいかない。時々そのゴツゴツが当たって痛くなることもあった。私世代の「産まなかった」女性はたぶん、みんなそんな感じじゃないだろうか？

ちなみに、私は子どもが嫌いではない。「世の中の子どもを私も一緒に育てます」というスタンスをとっている。電車に乗っていてベビーカーで小さな子どもを連れた方がやってくればウエルカムしていることを伝えたいから、子どもに向かってニカッと笑ったり、目をギュッとつぶってパッと開けたり、首を振り振りしたり、私なりのお相手をする。逆に悪ふざけする子どもを見れば「これっ！　何してる？」と怖い顔をして見せる。

ここで、女性議員と子育てについても考えさせてほしい。女性が議員になるうえで「子ども」はとても大きな存在だ。悪く言えば足かせになり、同時に議員になるきっかけにもなり得る。

こんなニュースを以前に読んだ。２０２２年７月の参議院選挙で東京選挙区に出た女性候補が、４歳になる息子をおんぶして街頭演説をして、問題視された。その女性はパートナーが月の三分の一は東京におらず、子どもは保育園に行くのを嫌がり、ぐずって泣くので仕方なくそうしていた。

公職選挙法では18歳未満の選挙運動は禁止されている。でも「あくまで、自発的な行動ができる年代を想定しており、小さな子どもは想定されていないのではないか」（神戸大大学院・品田裕教授「４歳おんぶして演説は法律違反？　立候補の母が直面した『思わぬ壁』」朝日新聞２０２２年７月11日）という。

こうしたことが起こると、「子どもを選挙運動に利用している」という声がすぐにあがる。仕方なくそうしたのに、女性候補者（議員）に批判が集中する。男性はたとえ小さな子どもがいたって、おんぶして街頭演説をしないで済んでいるのに！

そこで、せめて女性が子育てしながら議員活動をしやすくしようと、あちこちの地方議会では新しい会議規則が作られている。たとえば群馬県の榛東《しんとう》村議会では2018年、全国に先駆けて育児を理由に議会を欠席できるようにした。2021年には、議会の開会中も「育児時間」を具体的に定めて産休明けの議員が授乳する時間などを取れるように変えたそうだ。具体的には、同じ会議中に少なくとも30分ずつ2回まで、口頭で議長に請求できる。この動きは全国に広まり、出産だけでなく育児でも議員が欠席できるよう、やっと変わってきた。大磯町議会でも2021年6月に、「公務、傷病、出産、育児、看護、介護、配偶者の出産補助」が議会を欠席する理由として認められるようになった。

大磯町の清田文雄副議長と話をした時、「委員会も一般質問も夜6時7時過ぎはあたりまえ。女性は家庭のことをやるとなると、たいへんだろうなぁと思います。ダンナさんの理解がないと難しいだろうと想像します」と言っていた。新たな規則は必須だけれど、清田さんのように女性議員への想像力を男性議員が働かせられるか否か、現実的には今もそこが大切な気がする。

東京都が2021年度に調べた「男性の家事・育児参画状況実態調査」では、未就学児をもつ子育て世代の家事・育児・介護にかける時間は、1日あたり(週平均)女性が8時間54分に対して、男性は3時間34分と、その差は5時間20分もある。男女の役割分業の意識は根強く残っていて、今も女性が無償で家事労働をやることが一目瞭然すぎて、トホホ〜となる。

女性が議員になっても子どもを産み育てられる環境を整えなければならない。女性の家事や育児などの負担が多い今の社会のままでは、子どもを持つことと、議員になることを女性が天秤にかけざるを得ない。かつての私のように。それじゃ女性議員を増やすのが、難しいじゃないか！

でも、さらに一歩進んで考えたい。女性議員が子育てを理由に議員になることをあきらめたり、苦労しないで済むために新しい規則や家族の理解は必須ではあるものの、果たしてそれだけでいいのか？

大磯町議会で、任期1期目にして福祉文教常任委員会の委員長になった吉川諭議員は「大学を出てからいちばんエネルギーと時間を注いできたのは、子育てです。自宅で妻と二人で英語塾を経営して、塾は妻メインでやってきました。子どもは6人いて、塾にやってくる子どもたちも一緒にご飯を食べ、家族の一員のようなかんじです。子どもが育っていく過程って、やはり面白いでしょう？　自分自身の世界が広がっていく。私が議員になった理由も、そこにあると思います」と話していた。

吉川議員の在り方を見ると、子どもはもはや女性候補にだけ「足かせ」になったり「政策課題」になったりしてはいけない。男性だけが家事や育児を〝少しだけ手伝う〟と「イクメン」とか「育業」とか持ち上げられるのにはやっぱりモヤっと違和感を抱く。家族の在り方は多様化している。お父さんが二人いる家庭もある。「議員活動と子育て」の問題を女性だけのこととして語るのはそろそろ止めて、男性にも等しく子育てについて尋ねていきたいと自戒の念も込めて書きたい。

振り返れば私自身、女性議員には「お子さんは?」「子育てが議員になることの支障となりましたか?」などと聞いていたくせに、男性議員にはそういう質問をしたことがない。アチャーッ! 大磯に住んだ社会学者の坂西志保さんが、1968年に既に「母性神聖視」に疑問を投げかけてくれていたのに! 武田砂鉄さんの『父ではありませんが 第三者として考える』(集英社)という本を読んだら、男性の政治家に子どもがいるかどうかは知らないのに、積極的に興味を持ったわけでなくとも、なにがしかのタイミングで女性の政治家の子どもの有無を知らされているとあって、本当にそうだ!と膝を打った。

湯川れい子さんは1976年に子どもを産んだ時、出産当日までレギュラーのラジオ番組の収録をしていたという話を以前に聞いたことがある。「どうして、そうしたんですか?」と尋ねたら、出産を理由にフリーランスのDJが番組を休んだりしたら、番組そのものが終わってしまい、他のスタッフにも迷惑がかかると思ったという。陣痛を感じた朝、「今日、産まれそう」と番組の男性プロデューサーに電話を入れ、番組を休むのではなく、用意しておいた入院用のカバンを持って自宅近くのスタジオで2時間以上の番組を収録し、その足で病院に向かった。なんて、たいへんだろう。

その話を私が「どうして？」と尋ねたところ、湯川さんはその行為をどこか武勇伝のように感じているように見えて、私自身もそれに同調していた。湯川さん、すごいね、働く女はそうじゃなきゃねって。私の中の安倍晋三がギラギラと輝いていた。反省する。そんな前例を作ってはいけない。女性にそんな風に感じさせてはいけない。湯川さんは被害者だ。でも、被害者であると自分で認めるのは湯川さんの気持ちが許さないだろう。私が選択したことは間違えていたの？って。いやいや、湯川さんは間違えていない。そう選択させた社会の在り方が、政治が、間違えていたのだと力強く言いたい。

近年、日本でもやっと認識されるようになった「リプロダクティヴ・ヘルス／ライツ（性と生殖に関する健康と権利）」を、もっとみんなで真剣に学び、それを周囲もどう守っていくか、考えたい。「リプロダクティヴ・ヘルス」とは、性と生殖において、人が生涯にわたって、身体も、心も、社会においても良好な状態にあることをいい、「リプロダクティヴ・ライツ」とは、その状態を享受する権利のことをいう（ちょっと難しいネ）。つまり女性が出産するのかしないのか、するならいつ、何人子どもを産むのか、自分で決める権利（人権）があるんだ。

今こそ、大きな声で言いたい。少子化が国家的な問題になる今、子どもを産み育てる環境を政治や社会は真剣に整えるべきだ。私のような独身の人が、そして、もちろん、あたりまえだけど、「産めなかった」人がその責を負い、引け目を感じる必要なんてない。産んだ人も産めなかった人も産まなかった人もそれぞれの事情や思いがあり、百人百様。女性はたまたま産む機能を持っているために、男性よりも考えたり、悩んだり、迷ったりする。喜びもあるだろう。でも、少なからず悲しみや、負い目もある。それらを世の中はみんなで共有し、互いの立場を思いやるべき。産む幸せもあれば、産まない幸せもあることを、これからもっと理解していきたいし、してほしい。そして政治はちゃんと働け！　少子化対策のドン臭さを見るにつけ、やっぱりパリテが必要だよね！っていつも思う。

ちなみに「子どもを連れての選挙活動」について東京都の選挙管理委員会は、子どもと同行すること自体は禁止されていないとホームページに明記した。これは全国に当てはまると言われている。

女性パワー爆発、全員当選

力が入って、話がまた横道にグイグイそれてしまった。すみません。鈴木美保子さんがどうして議長になったのか？を尋ねないと。はい、そこに話は戻ります。

1985年当時、大磯町議会には20人の議員がいて、女性は鈴木さんともう一人だけ。決してパリテなどではなかった。

「女の人が議長だなんて、珍しかったのね。あのころはご主人が亡くなって、代わりに奥さんが名前を借りて議長をやった、なんてことを聞いたことがあります。それで、私が選ばれたのは、えっと……」

言葉を探しあぐねる鈴木さんに、奥津さんが助け舟を出してくれる。

「ほかの男性議員の方たちが、鈴木さんがいいんじゃないかと言ったと、前に美保子さんから聞いたことありますよ」

「そうそう」と頷く鈴木さん。とはいえ、簡単に決まったわけでもなさそうで、当時の大磯町の「議会だより」には、「話し合いを重ねて時間延長のすえ決定をみた」とある。ふと、議長になった時、鈴木さんのおつれあいはなんて言いましたか？と聞いてみた。まだ昭和60年。自分のつれあいが町議会の議長になることを、どう受け入れたんだろう。

「何も言わないです。勝手にやれば、という感じでした。主人は板金屋。鉄工所を営んでいて、べらべらしゃべったり、そういうのでもないので」

理解がなかったわけじゃない、という感じなのかな。それじゃ、他の男性はどうだったんだろう。男性議員たちは鈴木さんにヤジを飛ばしたりしたんだろうか？

「イヤな言葉を男性から言われたりすることは、ありませんでした」

にわかには信じがたいが、大磯の歴史をまとめた本『大磯町史7　通史編　近現代』（大磯町）に当時のことが掲載されていて、「大磯は開放的で女性議員だからといって議会内でもの珍しい目で見られることはなかったというが、いっぽうで女性議員とは飲み会ができず、議会運営がしづらいこともあったとの本音ももれてくる」とあった。女性だからと揶揄されることはなかったものの、本音の部分では女性とは腹を割って話すことは難しいというのはあったようだ。

度々、役場の廊下ですれちがう飯田修司議員は「鈴木さんが議長だった時、鈴木さんと、もう一人いた女性議員の方は共に非常に優秀だったと聞いています。そのころの男性議員の多くは農家で、各自治会の代表。女性議員のお二人は女学校を出ていて、鈴木さんは政党から選ばれている。優秀な彼女たちには、敵わないと感じたでしょう」と言っていた。

飯田さんはすんごく楽しい方なのだが、いつも本質を突いたことを言ってくれる。

さらに大磯町の「議会だより」をたんねんに見ていくと、女性議員たちの努力があったこともわかる。１９６７年、大磯町では初となる女性議員の府川ヨシエさんが当選した。共産党の推薦で立候補したが、「府川さんは議員になる前、議会に『請願』を出したそうなんです。それが議会で否決されて不採択になって、自分が議員になろう！と決めたと町史にあったのを読んだことがあります」と、町史に詳しい渡辺順子議員が教えてくれた。自分の意見を町に言いたい！と請願（国や地方公共団体に意見や要望を言うもの）を出し、受け入れてもらえなかったらならば私がやる！と立ち上がったって、かっこいい〜。

府川さんは大磯町の選挙ではそれまで行われてこなかった「街頭演説」を積極的にやって、トップ当選した。つまり、府川さん以前はそれぞれの自治会の代表者が地区ごとに順当に当選し、街頭演説など必要なかった。そこへ新しい風を、一人の女性が吹き込んだというわけだ。ああ、府川さん、ご存命のころにお会いしたかった。きっと素敵な方だったにちがいない。しかも小さな子どものいるお母さんで、保育園に預けて議員活動をしたそう。残念ながら１期４年で引退したのは、子育てや家事との両立は難しかったのか、そういう働き方を批判されたのだろうか。

府川さんと入れ替わるようにして、１９７１年に当選したのが鈴木さんと、もう一人の女性、平塚豊子さんだった。鈴木さんは議長になったけど、平塚さんはなんと！60歳を過ぎてから初出馬して3期、議員を務めた。なるほど、59歳で初当選した奥津議員のロールモデルが大磯にはすでにいたのか。中高年女性が元気な大磯で、うれしい！在任中、平塚さんは教育委員を3名から5名に増やし、その中に女性を入れた。これはその後の大磯町の教育に影響する。また「婦人も町政に参加して明るい町づくり。」をキャッチフレーズに女性の政治参画を呼びかけ、そのキャッチフレーズは次に当選した女性議員に受け継がれていった。

まさに、この伝承こそ大事だったんではなかろうか？府川さんが切り拓いた大磯町議会を、鈴木さんと平塚さんが耕し、女性が自由に活動する場に育てた。そして、二人の活躍はすぐ次につながる。女性から女性へのバトンリレー！私はこういう想像をすると、胸躍る！

鈴木さんが議長の任期を終えた（議員活動は継続）1987年には、大磯町議会選挙に立候補した女性が5人、全員当選した。これは快挙といっていいだろう。当時の神奈川新聞には「女性パワー爆発 全員当選」という記事が載った。これで、22人の議員中、5人が女性となった。このことこそ、その後にパリテ議会を生む女性のチカラの原点だった。しかし、大磯町がパリテ議会になったのは2003年。女性パワーが爆発してからさらに

16年を要している。

身寄りのない子どもを育てた〝おんな弥太郎〟

さて、大磯町議会を最初に訪ねた時、「戦後に澤田美喜さんや坂西志保さんが大磯に住んでいて、住民が触れてきたことも大きかった」と言われたのが私はずっと気になっていた。議会を傍聴し、町の女性たちに出会ったことでさらに思いがつのって、大磯駅前にある「澤田美喜記念館」を訪ねた。

しかし、その日はあいにくの大雨だった。駅前の歩道には雨水が溜まって跳ね返り、歩くたびに靴の中はぐしょぐしょ。入り口の門をくぐると、右に左に曲がりながら続く80段もの石段が目の前にそびえ立っている。おううぅ。間の悪いことに、私はその少し前に足の肉離れを起こして左手には傘、背中にリュック、そして右手に杖。なんとか上りきった時にはホッとしたが、自分が杖をついて歩くとは思ってもみなかった。年をとるって、思ってもみなかったことを受け入れていくことだなと実感した。

「こんにちは」。傘をたたんで中に入ると、記念館の主任である武井久江さんが笑顔で出迎えてくれた。名刺を交換し、武井さんはしかし、少々怪訝そうに言った。

「澤田美喜さんは明治34年の生まれです。和田さんは大磯町議会を取材されているようですが、議会に何か関係してるのか、心配しているんですが……」

ああ、そのとおりだ。明治に生まれた澤田さんが、直接に大磯町議会のパリテに関係しているはずがない。大磯町議会がパリテになったのは2003年で、澤田さんは1980年に亡くなっている。「でも」と、私が言う。

「澤田さんが戦後すぐ、こちらに〈エリザベス・サンダース・ホーム〉という乳児院を作り、駐留軍兵士と日本人女性との間に生まれた孤児たちを引き取って育てたことは、女性が社会参加をすることがまだまだ難しかった時代、とても意義のあることだったと思います。大磯町に住む人たち、とくに女性への影響は、少なからずあったろうと思うんです。ぜひ澤田さんのことを教えてください」

再度お願いすると、武井さんは「そうですね。美喜さんは女性で唯一、大磯町の名誉町民ですし」そう頷いてコーヒーを淹れてくれ、それから澤田さんのことを語ってくれた。

「澤田美喜さんは三菱の創設者である岩崎弥太郎の孫として、お生まれになりました。大磯のこちらは元々、美喜さんのお父さまにあたる岩崎久弥が明治43年に相続して別荘としてお使いになっていました」

「三菱」とか「岩崎弥太郎」とか、何やらすごい名前が出てくる。澤田さんは、日本を代表する財閥一族の出身だ。やんごとなき方の物語が始まるのか？と思ったが、話は意外な方に進んだ。

「戦前に外交官である夫の廉三氏とイギリスに渡り、美喜さんはボランティアで『ドクター・バーナードス・ホーム』という乳児院を訪ねています。それが運命の出会いでした。子どもたちの表情が明るく、美喜さんは『希望の家』だと思って、いつか自分もこうしたホームを日本に作ろうと心に誓うんです。そして戦後すぐのころ、汽車に乗っていた美喜さんの膝の上に、網棚から新聞に包まれた赤ちゃんの遺体が転がり落ちてきました」

ええっ!?

「同じ時期にさらに2人の嬰児の遺体を見てしまい、『子どもはみんなに祝福されて生まれてくるもの。ありえない』と憤って、『子どもたちを救うのが私の使命』だと決意します。そして1948年にホームを設立しました。財閥のお嬢さんだからこそできた、という面はありますす。でも、それはお金があるということではありません。実際には戦後、大磯のこちらの別荘は政府に物納してしまい、美喜さんは400万円（現在の価値で約7億6千8百万円）で買い戻すため、資金集めに一人奔走することからスタートしてるんです」

財閥のお嬢様で外交官夫人だった人が、一人で「金策」から始めたんですか？

「そうです。でも、美喜さんは〝おんな弥太郎〟なんて言われるぐらい、あの岩崎弥太郎から受け継いだ決断力も、人を動かす力もあって成し遂げていきます。その後もずっと資金集めに苦労し、『パンパン家のマダム』などと心無い批判や、子どもたちへのひどい差別に悩みながらもあきらめなかった原動力は、自分が財閥で育てられたことに満足していなかったことにあるんです。なぜ自分はこういう環境に生まれたんだろう？って、幼いころから考えてきた。美喜さんが生まれ育った東京・湯島にある旧岩崎邸、いらしたことはありますか？　ぜひ行ってみてくださいね。そこでの暮らしは50人ものお手伝いさんらが岩崎邸の隣に建てた長屋に住んでお世話をしていました。美喜さんはお手伝いさんたちが暮らす長屋を、『どういう暮らしをしているんだろう？』って覗きこむような人でした」

「へー！」と驚きの声が出た。澤田さんは思っていた人とは違う。乳児院は「大金持ちが財力を元手に、慈善で人にやらせていたんでしょう」ぐらいに思っていた。いや、それだって悪くない。助かる子どもたちがいるなら、それでいい。大金持ち、グッジョブ！だ。でも、澤田さんは自ら金策に走り、身寄りのない子どもたちの面倒を見た。

澤田さんは自伝に「この仕事を信仰半分、意地半分で押し通してきました」と書いている（『黒い肌と白い心』創樹社）。彼女は、クリスチャンだった。何か事があるたびに『見返してやりたい』という意地が、ぐいぐいと私の後押し」をしたり、「私の闘志はますます燃えあがるばかりです」なんて書いている。澤田さんも孤児たちも散々バカにされ、そのたびに「なにくそ！」と挑み続けた。財閥出身で、外交官のつれあいとして世界を巡ってきた。死ぬほどプライドが高く、絶対に負けん気が強かったのか。それを「利他」に用いて、子どもたちの命を守り抜いた。何がすごいって、〈エリザベス・サンダース・ホーム〉は今も、児童養護施設として大磯の駅前で運営され続けている。澤田さんが築いたものは、時代が変われど揺るがない価値を持っているんだ。

「美喜さんは子どもたちに本物に触れさせたいと、高級なステーキを食べさせ、プロ野球の選手や日本舞踊の名取りを呼んで、稽古をお願いしていました。『人から集めた金で贅沢させて』と陰口を叩かれても、ここで育つ子どもの経験はここでしか得られないのだからと、気にかけなかったんです」と、今では「体験格差の解消」と呼ばれるケア法も、我が道を行く！と実践した。しかし、澤田さんも熱い人だけど、それを語るマダムな雰囲気の武井さんも相当に熱い方なのがうれしい。「美喜さんは気が短いっていうか、コレ！と思ったら猪突猛進の方だったから、カーテンの生地をたくさんいただいた時には『子どもたちの洋服に仕立てたい』と思いついて、生地を抱えて大磯から八王子までタクシーを飛ばしちゃったり。そういうところが憎めないんですよねぇ」なんて、うれしそうに語る。

その一方で、「美喜さんはどういう人かと問われたら、すごく厳しい方でした。子どもたちはいずれ巣立たないといけない、その時に父親がアメリカ軍人というだけでハンデの大きい時代でした。最低限のルールを守れなければ社会に受け入れてもらえないと、できない子には手をあげることもあって、当然ながら心の傷になった子もいます。そうしたことが本に書かれていたりもするんで、よく読んでどうか精査してください」と、澤田さんが批判されるところもちゃんと伝える。

ああ、武井さんから澤田さんのことを伺えてヨカッタ。遠い存在の偉人ではなく、大磯に暮らし、支援活動をがんこに貫いた一人の女性としての姿がよく見えたし、何より〝精神的な遺伝子〟が今に継承されていることが、武井さんと話せばわかる。

後日、東京・湯島にある澤田さんが生まれ育った、旧岩崎邸を訪ねた。武井さんに言われたら、そりゃ行くよね〜ってことで。すると、そこはまるでヨーロッパの貴族が住むお城のようだった。建物は洋風と和風にわかれ、中でつながっている。興奮して3回も上から下までグルグル見て回り、サンルームに置かれたベンチにしばらく座ってみた。

今は東京都の公園になっているような家に暮らしながら、人生の後半は大磯で身寄りのない子どもたちを2000人以上も育てた。ホームを作った時、澤田さんは47歳だった。決して若くはない挑戦だ。それから78歳で亡くなるまでの約30年間、日本では父親がアメリカ軍人の孤児にお金を出す人が少なかったため募金集めに海外へ渡り、子どもたちの移住のために一緒にブラジルに船で渡り、日夜走り回った。やる！と覚悟して、決してあきらめず、やり続けた。すごい気力と、驚くほどの体力。やると決めれば、人はできるんだ。もちろん、迷い悩み、真夜中に鏡を見つめていた様子なども自叙伝には書かれている。それでも、やり続けた。とてつもない人だと、邸宅の目の前に広がる庭を見ながら思った。大磯には、こんな女性が、駅前に暮らしていた。その影響って、「ないわけがないだろう！」思わず声に出し、私は立ち上がり、ズンズン庭を歩いて帰途に着いた。

「お金持ちの趣味っぽい」と遠ざけていた消費者運動

話が大磯町をグルグル、時間も場所もあっちこっちしていて申し訳ないのだが、大磯町議会での傍聴を始めた最初のころに戻りたい。

本会議を見ていた時のことだ。一つ空けた隣の席に年配の女性が一人で座った。傍聴の仕方は人それぞれで、真剣に見入る人もいれば、ぼんやり眺めてる人もいるし、仲間と来て応援する議員の質問だけ見て帰る人もいる。その女性はけっこう長い時間、熱心に見ている様子だったので、休憩時間に話しかけてみることにした。

「議会傍聴、よくいらっしゃるんですか？」

なんとなく聞きました風に尋ねると、女性は我が意を得たりという表情で「私は何十年も傍聴を続けているんですよ」と言うではないか。おおっ！　私はそういう人にこそ話を伺いたいと思っていたのでたちまち図々しさを炸裂させ、「実は男女同数議会について本を作るために来てまして、ぜひお話を伺いたい」ともみ手せんばかりにお願いすると、「いいですよ！」と笑顔で即答してくれる。「じゃ、改めて連絡をしたいので、お電話番号いいですか？」とさらに尋ねると「はい、これ」と、携帯に番号を表示して差し出してくれた。こういう大磯の女性のフットワークの軽さと赤の他人に親切なところ、澤田美喜さんの精神的な遺伝子Ｄａ・Ｙｏ・Ｎｅ!!　久々のラップ語尾に腕組んで頷きます。

後日、女性に会うことになった。場所は〈ギャラリーｕｍｉｎｅｃｏ〉。鈴野麻衣さんにまた「ギャラリーを小一時間、貸してください」とお願いすると、「どうぞどうぞ」と快く貸してくれた。そこは、ずっと開かれた場所だ。

さて、久保田さんという、親しみやすい雰囲気の女性は20歳で越してきてから半世紀ちょっと、ずっと大磯に暮らしているという。ひと昔前の大磯を聞く。「昔は大磯っていうと、国道一号線を境に海側が下町で古くからの人が住んでいて、真ん中が商店街、山の手には移住してきた富裕層の人が多く住んだのね。けっこう保守的な町で、『3代住まないと大磯の人とは呼べない』なんて排他的でもあって。でも、どんどん移住者が増えてくるに従って新陳代謝が盛んになり、リベラルな人が増えたんだと思います」

なるほど。だから鈴木美保子さんが議長になっても、伸び伸びやれるような雰囲気が作られたのかもしれない。大磯町は横にビヨーンと伸びている町で、国道一号線が相模湾に沿って横断している。

「私が最初の子どもを産んだ27歳のころは、『産休をとります』と言うと上司が『産休なんてとれると思うの？』と言うんですよ。私はそれで、仕事を辞めました」

「えー、ひどい！」私と鈴野さんが声をあげる。呆れたけれど、1970年代後半、出産当日もラジオ番組の収録をした湯川さんしかり、女性が働く環境は日本中そんなひどいことだったんだろう。

「30歳で二人目の娘が生まれたころには、ちょうど消費者運動が近所で盛り上がっていたんで、私もそれを始めたんです」

消費者運動？　あれ？　何度か聞いたことがあるけど、「大磯ではどんなことをしていたんでしょうか？」と尋ねた。

「共同購入かな。牛乳とか卵とかウインナーとか、グループを作ってみんなで共同で買うんです。戸別訪問して『生活クラブ入りませんか？　おいしいお惣菜の材料がたくさんありますよ』って声をかけて『生活クラブ生協』の大磯・二宮支部を作りました」

卵にウインナー？　自分の朝食を思い浮かべながら、ああ、消費者運動は、湯川さんも1980年代に参加していたなぁと思い出す。当時、小学生だった息子が通うプールにハンバーガーの自販機があって、「ハンバーガーはそんなに長持ちするものなの？」と疑問に感じ、食の安全に関心が及んだと話していた。私は「安全より価格だよなぁ。消費者運動って、お金持ちの趣味っぽい」と何も知らずに思い込んでいた。

私はウインナーだって卵だって牛乳だって、スーパーで特売になったいちばん安いものを買う。食は安全より、値段が優先だ。だから消費者運動は遠いものに感じられ、久保田さんには「そうなんですねぇ」とあいまいに頷いていた。失礼だな、私は。ところが、話はそこから急転直下、大磯でパリテが成立した一つのきっかけと思われる歩みがダダダッと語られていく。

「そうこうしていたら大磯町と二宮町の境にある石神台《いしがみだい》という新興の分譲住宅地のところに、〈昭和電工〉という会社が大きな研究所を作るっていう計画が発表されたんです。その会社は以前に新潟で環境汚染を起こして問題になったことがあるから、心配した私たちお母さんが中心になって立ち上がり、大々的な反対運動を始めたんですよ」

えっ？　よそで環境汚染を起こした会社が研究所を建てる？　お母さんたちが中心で

反対運動を起こした？

「はい。それが盛り上がっているころにちょうど、大磯町の町長選挙がありました。反対運動を繰り広げた私たちのグループが応援する男性の候補者が勝って、町長になったんです。すごいことでしょう？　当選が決まった時はうれしくて、みんなで抱き合って喜んじゃいました。町長が代わって、研究所の建設もストップしたんです」

えー！　なんですか、それ？　ビックリするようなことが起こっていた。でも、話に追いつけないで、私はアワアワしてしまう。

「そのころの大磯は本当に、沸きあがっていました。だって、消費者運動をするお母さんたちが、下町の商店街の方々と共同して、町長選挙で勝ったんですから。それがきっかけで『女性も議員としてどんどん出なきゃダメだよね！』って言って、女性が立候補して議員になっていったんです」

男女同数のパリテ議会ができる、一つのきっかけになったということですか？

「そうです。反対運動をしていた人たちの中から何人かの女性が、実際に議員になりました。今も議員を続けている渡辺順子さん、今はもう辞めている清水弘子さんとか。消費者運動と環境問題が重なって、当時はとくに女性の関心が高かったんだと思いますよ」

久保田さんは大磯における「パリテへの歴史」、その核心部分を端的に語ってくれたのだが、私はこれもまた何も知らなすぎて「えー？　えー？」と、驚くしかできなかった。図書館で当時の新聞記事を調べるなりしてから久保田さんにお会いすればよかった。でも、女性議長が誕生するかたわらで、どうやって大磯町議会がパリテになっていったのか、流れが掴めた気がした。

「私自身は生活クラブでの活動は、そこまで。当時は介護の風が吹いていたんで、住民参加型のプロっぽくない組織を作りたいと大磯町の社協（社会福祉協議会）に友達3人で『介護ヘルパーになりたいから研修会に参加させてください』と押しかけたんです」

ワ～、すごい。女3人グイグイ押しかけていく！　最初に子どもが生まれた時には不当な扱いに仕事を辞めざるを得なかったのが、消費者運動を積極的にすることで自分から始めることに躊躇がなくなり、今度は仕事を自分で作っていった。

久保田さんは「今も田中洋子さんという女性は生活クラブで、いろいろなことをやり続けています」と教えてくれ、最後に「中学時代の同級生が在日朝鮮人で、クラスの男子が彼女をいじめたんです。『ほっといてなるものか』と思ってね。それが私の人生のスタートです」と大切なことを言ってくれた。それは社会と自分のつながりの発端ですね？

「そうです。日本と韓国の関係に関心を抱くようになり、それから勉強を続けました」

久保田さんは初代韓国統監だった伊藤博文が大韓帝国最後の皇太子を大磯に連れてきた

ことや、大磯町の東部・高麗地区に昔々朝鮮半島から渡来人がやってきて移り住んだことなどさまざま語って「これは私のライフワークなんで」と言う。女性が関心を抱くのは、暮らしや子育て、教育のことよく言われる。でも、決してそれだけではない。社会と自分のつながりを見つけ、そこから学んでいく。「1960年代に学生運動が盛んだったころ、私はそれを目の前で見て、大切なことを知りました」と言う。久保田さんのような一人ひとりの学びや経験が、町の基礎を築いているのだなぁと思う。そして、「じゃ、またね」と言って、久保田さんは自転車に乗ると、するするっと軽やかに帰っていった。

五十代には五十代の働き方がある

久保田さんを「さよなら〜」と見送ってから、消費者運動? 環境汚染? 町長選挙? と新たなキーワード続出に、「図書館に行って調べなきゃ」と思いつつも、そんな小さなことができないでいた。ちょうどそのころだ、足の肉離れを起こしたのは。五十代に見合った働き方をするんだ!と意気込んで大磯に近いビジネスホテルに泊まっていたものの、結局は東京と行き来する。疲れは溜まり、ある夜ホテルの廊下でいきなりふくらはぎが「ピキッ!」と音をたてた。それきり、一歩も歩けない。うおおおん! 号泣っ。ホテルのベッドでひたすら足をみつめていた。

「だから、大磯にちょっと長く泊まりこみたいんだよね〜」

ＬＩＮＥをあちこちに送りまくると、ＰＴＡ会長の亀倉さんが「知り合いにツテがある」と、民泊を引き受けてくれるお宅をソッコーで紹介してくれた。おお〜！　大磯の女性たちの親切さとフットワークの軽さよ、アゲイン！　足の痛みが落ち着いたころ、杖をつきつつお宅拝見に行くと庭にある離れの部屋を貸してくれるという。ソファベッドも用意してくれ、テーブルや椅子もある。「台所は母屋にある方を使ってください」「一泊２０００円でいいですよ」と言われ、ホテルの半額以下！　それなら連泊できる！と、大喜びで泊まることにした。大磯に暮らしたら、大磯のことがもっとわかるかもしれない？　見えていないものも見えるかも？　これぞ五十代の仕事のやり方だよねと思った。でも、そうそう思惑通りにはいかない。

離れはそれ自体が一軒家。広いのはうれしいけど、古い家らしく全体にほの暗く、夜中に棚の扉がバタンッと音を立てて落ちてきて私を驚かせた。あれこれ不便があって何より、日々歩いて通う役場が意外と遠い。私は足をケガしており……一泊したら「あら、たいへん」と思った。ご親切に快く貸してくださったけど、ごめんなさいを言ってホテルに移るなりすべきだった。なのに私ったら、「でも、私が住んでいる家だって十分に古いじゃないか」と自分に言い聞かせ、そのまま泊まりこんだ。一泊２０００円はどうしたって捨てがたい。フリーランスの取材旅行は、お金との戦いでもある。

しかし、どうにも落ち着かなくて夜は眠れない。逆に疲れが溜まって、取材を終えると一目散にその家に帰り、閉じこもった。とくに何もせず、洗濯機がなかったので下着や靴下を手洗いしては軒先に干してぼんやり眺め、日に日に倦んでいった。大磯港で祭りがあった日、ＰＴＡの亀倉さんや〈ギャラリーｕｍｉｎｅｃｏ〉の鈴野さんが「いっしょに遊ぼう」と誘ってくれたのに、チラッと顔を出して帰ってしまったり。

「五十代には五十代の取材のやり方がある」ということを真剣に考えていこう！としていたのに、丸っきり見えていなかった。それどころか「どうせ私は安い人だし」と自分自身をも低く貶め、ひたすら膝を抱えて天の岩戸の奥深くに閉じこもっていじけていくのは何ごとぞ？　そういうの、止めようね、自分よ。ポンポン（肩を叩く）。

しかし、住まいは、環境は、なんと大事だろう。自分に合った、安心して過ごせる家って、生活の基本だ。私がずっと、ずっと、住まいの問題を訴えていること、間違えていない。いや、だから、ねえ、自分よ！

「口に入れるもの」を自治する

ちょうどそのころ、インタビューをした大磯町議会の鈴木たまよ議員が「田中洋子さんに会うといいんじゃない？　紹介してあげましょうか」とサクッと言ってくれた。久保田さんが「今も運動をやり続けている」と話していた女性だ。鈴木たまよ議員は「住んでみたいと思ったから」とトルコにいきなり住んでしまったような人で、あぁ、自分に合った住むところってやっぱり大事だね。

トルコから帰国した鈴木たまよ議員は自分の住むアパートにある木が次々と切られ、「景観条例があるのに、なぜ簡単に切ってしまうんだろう」と疑問に思ったことがきっかけで、議員になった。シングルマザーで、議員になることに反対する家族はいない。今も大磯町の山や川や海、自然、環境問題を議会で取り上げ、「大磯は自然と人間がシンクロしている場所です。自然が豊かで、人が助け合う風土があります」と話してくれた。豊かな自然が育まれ、人がつながり、みなが助け合う。それが大磯だ。

そして、消費者運動が何かよくわからないまま、キーパーソンらしき田中洋子さんに会えることになった。グイグイと天の岩戸から引っ張り出し、つないでくれる女性たちのチカラが私の背中を押し続けてくれる。

電話をした田中さんは丸くて優しい声で話し、消費者運動のベテランというから、背中の丸い小柄なおばあちゃんの姿を勝手に想像して訪ねてみると、ぜんぜん違った。シャキッとしてかっこいい女性。しかも私を、インテリア雑誌に出てきそうなオシャレなリビングルームに案内してくれ、大きな窓から見える庭には「吉田茂邸にあったものを移植した」という桜の木が3本、緑色の葉を繁らせていた。吉田茂はかつて大磯に住んで、永田町に通った総理大臣だった。座り心地のいいソファに座って、正直、私が湯川さんのところで働いていたころに「消費者運動って、お金持ちの趣味っぽい」と感じたことは合っているかもしれないと思った。大磯にはどちらかというと裕福な家が多くて、そうした家の主婦たちが消費者運動に立ち上がった。それは、やれる人がやれることをしてきたってことだよね。しかし、スーパーでお土産にと買っていった駄菓子は、カバンにそっと隠し、さっそく田中さんに尋ねた。

「大磯の女性は政治意識の高い人が多いように思いますが、どうしてでしょう?」

田中さんは「大磯は政治的というより、自分たちの望む方向に変えていこうね、言っていけば変えられるよね!という意識が強いんだと思います」と即答する。うわぁ、なんていい言葉だろうか!「言っていけば変えられるよね」って、私のモットーにしたい。

どうして、そう思えるんですか？　重ねて聞いてみた。

「私がそういう風に思ったのは、『生活クラブ生協』での活動がきっかけです。40年ほど前に大磯へ引っ越してきて割とすぐ、生活クラブの総会があると小耳にはさんで『どんなものかな？』と見に行ったんです。そのころにトップにいた方が『私たちの目的は生活クラブがなくなること。世の中があたりまえに生活クラブの望む形になれば、生活クラブはなくなるんです』とおっしゃって、すごいなぁと思って入会しました」

やっぱり久保田さん同様に、田中さんも「生活クラブ」からだ。でも「生活クラブが望む形」ってどんなものだろう？　天の岩戸に引きこもってぼんやりしていた私は田中さんに聞くのをうっかりして、中野に戻ってきてから、「生活クラブ」の活動をする近所の細野かよこさんという女性に「教えてください」と頼んでみた。

「生活クラブは食材の共同購入といったことを通じて、日常生活で消費することに主体性を持たせようとするものなんです。和田さんが『高いんじゃないか？』と疑問を抱くウインナーも卵も牛乳も、自分が口に入れる食べる物ですから、誰がどこでどのように作っているか知ることがだいじ。私たちがそれをどう選び、食べるかを考えることって、それ自体が政治的なことなんだと思います」と言われ、なるほどなぁ～と思った。自分たちの食べるものは自分たちで決めるっていうことですか？　さらに聞いてみると、「そう、自治していこうということです」って細野さん。

　食べるものを選ぶのもまた、身の周りの問題であり、それは住民自治だという考えは理解できる。食べるって生活の中心だから。でも、それなら自分の好きな安いものを買って食べていることも、自治にはなり得ないのか？　また「安い」にこだわっちゃう。すると細野さんに「食べ物を消費する行為は自然やエネルギー、健康ともつながっています。今の私たちの活動が未来にどう影響するかを考え、行動することも大切にしています」と言われて考えた。大量生産・大量消費で廃棄も多い私の選んできたものは、言われてみれば「未来」の「食べる」を考えてはいない。今の自分だけ。「安い」は大切だ。でも「安い」だけではない価値も大切にし、「未来」のために、その価値を守ることを今、それができる人から順にやっていくことが大事だ、そういうことなんだと理解した。私にはとても意義のある気づきだ。ずっと「値段が高い」と思い込んでいた生活クラブの食品価格も調べてみたら、物によりけりだった。高いものもあれば、安いものもある。私は思い込みにしばられていただけだった。

　細野さんは生活クラブの活動から「東京・生活者ネットワーク」という地域政党に参加して、中野で区議会議員を務めていた時期もあり、「これからまた再挑戦したいんです」と話していた（２０２３年４月の区議会選挙で当選）。ちなみに１９６５年に東京・世田谷の主婦たちが青年活動家とスタートさせた「生活クラブ生協」は消費者運動として定着する中、1979年に練馬区で「市民が自分たちのなかから候補者を出す」という市民参加型の生活者政治を始めた。国政ではなく地方議会としたのは、「手の届く範囲で地域の問題に関わる決定に参加することが可能だったから」だという。細野さんが属する「東京・生活者ネットワーク」は全国に9団体ある「全国市民政治ネットワーク」の一つだ。

主婦たちが町の主役に

じゃあ大磯では、「神奈川ネットワーク運動」から女性の議員が誕生したのか？　田中洋子さんに聞いてみた。

「当時は大磯町と隣の二宮町で生活クラブ生協の支部を作っていて、二宮町はネットの議員を何人も出していたんですけど、大磯はけっこう異端で本部に反発することも多く、議員は出していませんでした。当時のネットは『女性の議員しかダメ』と言っていたんです。私たちは環境問題をやる中で一人、どうしても議会に出てほしい男性がいて、その人を推薦したのにダメと言われたから『じゃあ、大磯は作りません。私たちの町のことは私たちが決めます』って言って、それきりネットの議員は出ませんでした」

ひゃああ、田中さん、かっこいい。「私たちの町のことは私たちが決めます」って、まさに住民自治じゃないか！　どこの組織にも頼らず、町民が自分たちでやる！　そういうのが、大磯らしく思える。私の好きな大磯は、それだなぁ、それ。女性が自分が決める、忖度なしにきっぱり物を言う。大磯町議会で見てきた女性議員たちも、町で話した女性たちも、みんな自分の意見をはっきり言うのを聞いてきた。天の岩戸に引きこもっていたら大磯にいるのに大磯が遠くに感じられてしまっていたけど、田中さんの話を聞いて、また大磯がぐっと近づいた気がした。

「大磯は小さい町だから、お互いの顔が見えるでしょう？　顔の見える関係で気楽に話してやっていく。それが大きな力になっているんです」

うんうん、そうですよね。じゃ、それから選挙応援をしていったんですか？

「それだけじゃなく、大磯町役場と町民とで環境ワーキンググループを作って〈大磯町環境基本条例策定研究会〉をやりました。それは、当時としては画期的だったんですよ。大学の先生を招いて役場の会議室で勉強会を開き、視察や調査なんかも役場の人たちと一緒に行って、みんなで素案策定をしていきました」

それって、めちゃくちゃ画期的ですよね？　時は１９９５年。久保田さんが話していた、環境を守りたいとする久保田さんたちのグループが応援する候補者が勝って町長になった、その2期目のこと。最近では「気候市民会議」という名称で、同様の市民会議が日本各地の自治体で行われているけれど、30年近くも前にやっていたなんて。

そして2000年には、研究会の素案を基に「環境基本条例」が施行された。そのころの大磯町議会は定員20人中に女性が6人。パリテ前夜だ。その6人のうちの1人の女性議員が、久保田さんが言っていた「反対運動から議員になった」清水弘子さんだった。

清水さんとは大磯町役場で一度、お会いした。パキパキッとした女性で、年齢とか感じさせない。議員になってからは地域の環境問題を議会で一般質問として丁寧に上げ続け、その話し合いがあったからこそ田中さんたちの研究会も立ち上がり、条例も実現していった。清水さんは町民たちの運動から議員になり、その声を議会に届けた。しかし、清水さんは言っていた。「大磯町役場の周りの松並木は古い邸宅が並んで明治の風情が残ったいい場所だったんで、そこを生かして公園みたいな町にしたかったんですが、日本のイケイケ時代で新しいものが次々建ってしまった。当時を振り返ると、古いものを残すための本質的なことが議会で議論できなかったなぁと思います。とはいえ、議会では『あの時、あすればよかった』といっても手遅れですから」

公園のような大磯、見たかったなぁ。あたりまえだけど、議会がパリテになったからといっても、なにもかもうまくいくわけではなく。できたことと、できなかったことがある。

そもそも、できたこととできなかったこと、うまくいったかいかなかったかは遠い町に住む私には判断できない。

そして清水さんは鈴木美保子さんの後、大磯町議会二人目の女性議長にもなっている。パリテ議会が大磯町議会で成立した2003年からの2年間のことだ。しばらく女性の議長がいなかった中で、清水さんが選ばれた。

大磯町の主婦を中心とした消費者運動こそが久保田さんが教えてくれた通り、パリテ議会成立への大きなステップとなった。田中さんや久保田さんら主婦の女性たちは、「一軒一軒にピンポンして『おいしい豚肉を食べませんか？　共同購入しませんか？』とやったんです」と言う。それをすることで、「ずいぶんと鍛えられました。おかげで選挙でもパンフレットを手に話にいくとか、平気になりました」って。へぇ〜、そうか。一人ひとり、自分から動くことで、育っていった。

そこへ、町を揺るがす大きな環境問題が起こった。「言っていけば変えられるよね」という田中さんの名言どおりに主婦のみなさんは黙っておらず、反対運動を立ち上げ、運動から町長や女性議員が誕生する。それは歓喜する出来事だった。

やがて「環境基本条例」を町役場と一緒に作っていくような流れが大磯町の主婦たる女性たちと行政の間にできて、みんなで町を作っていく態勢ができた。そうだ、久保田さんのような人は福祉行政にも関わっていく。

町の主役は、主婦である女性たちとなった。やがて、大磯町議会では男女同数のパリテが成立していくことになる。大磯町のパリテは主に主婦たちが作った。最近パリテになった市町村のように、行政が施策をしたのではない。町民が、主婦が、女性たちが、自分たちの手で作ったパリテなんだ。

ちなみに大きな環境問題とは、1989年に二つ同時に起こっている。昭和電工の研究所建設と、大磯町が発表した〈湘南なぎさプラン〉という、大磯港にヨットハーバーを建設する計画だ。新潟で過去に環境汚染を起こしていた昭和電工の研究所建設には、後に議長になった清水さんのような、研究所建設予定の周辺に広がる新興住宅地に住む人たちが集まって〈昭和電工問題を考える会〉を結成して署名を集め、対抗した。勉強会も開いて、住民は町や県に「計画反対」の要望書を何度も提出した。

もう一つの〈湘南なぎさプラン〉では大磯に古くから住む人が多い下町地区で、〈なぎさを考える〉という反対運動を行った。年金生活者、魚屋さん、サーファー、公務員、絵描きさん、床屋さん、古くから町に住む人たちが「会にしない自由な形」で運動をする。チラシを作り、大磯中の家々に新聞折り込みとして配布をしたり、戸々にポスティングをした。「大磯というのは、大きな岩があり、磯が作られた地形だから、大磯。その岩をダイナマイトで壊して、ヨットハーバーを作るというのは、大磯のアイデンティティーの破壊です。町民説明会では地元のお年寄りが激怒して激しい言葉で批判し、町の担当者がおろおろしていました」というぐらいに町を揺るがし、この時ポスティング部隊として活躍したのも主婦の女性たちだったという。

新旧の住民たちが起こした二つの反対運動はやがて一つになり、運動の中から町長が誕生する。久保田さんが「みんなと抱き合って喜んじゃいました」と言っていたように、運動に関わったすべての人にとって「人生のエポックメイキングな出来事」となる。研究所とヨットハーバーの建設中止は、それまで交流のあまりなかった新旧住民が手をつなぐことで実を結んだのだ。

これが1989年から1991年ごろに起こった、主婦たちが活躍した大磯の消費者運動だ。でも、実際に議会でパリテが達成するのは2003年で、大きな開きがある。どうして2003年にパリテになり、20年も続いていったのか？　そこが大事だよね？そここそが、大事だろうって。

女たちは分断させられてきた

ここまで書いてきて、私は主婦のみなさんを追いつめた気持ちにさせてやしないか、いささか心配になっている。「大磯町のパリテは主婦のみなさんが作った、主婦のみなさんが消費者運動から反対運動をやったなんてパワフルですごい、すごーい！」と、ことさらに「主婦」というくくりにして書いてきた。

それって「すべての女性が輝く社会を推進する」と唱えた安倍元首相とか、湯川さんの取材に来て「仕事で大活躍しながら、母として、妻として輝く」と理想の女性像を押しつけたライターさんたちと私は同じじゃない？ 家庭内ケア労働を担い、家計のやりくりに長けて家庭経営をし、消費者運動に目覚め、時間をやりくりして反対運動のポスティングに汗し、家の中でも町でも〝輝か〟ないといけないの？ 主婦はすごくなくっちゃいけないの？

そんな風に感じさせていやしないかと、不安になっている。そんな気はまったくありません！ それをお伝えしたい。大磯は本当に主婦である女性たちが頑張ってきたからパリテが実現したと私は考えているので、そう書いたのだ。あっぱれ！と言いたい。

言いたいが、言ってみてから気持ちがどうも落ち着かず、よくよく考えて気がついた。あれ、私って主婦の女性たちに、どっかで一線を引いてない？ だからこそ、あっぱれ！とか持ち上げて言ってないか？って。

そして考えてみたんだ。実はそれこそが、問題の根源ではないか？　私たち女性がチカラを持てないこと、十分に発揮できないこと、女性の議員が増えないこと、その原因が、私が知らず知らずのうちに引いてきた、この一本の線ではないか？　その線はどこまでも続き、その線を越えられないできたことが、いちばん大きな問題ではないだろうか？　腹の底から何かがグツグツ沸きあがってきた。

私はライター業では食べていけなくて四十代からいくつもバイトをしてきたが、コロナ禍の最初のころまで働いていたオニギリ屋には、何人か主婦の女性たちがパートで働いていた。シングルマザーの人や高齢の人、事情はそれぞれ。どちらかというと若い女性が多く働くその店で、中高年の主婦はキッチンを任され、料理の腕をふるっていた。みんなプロ級な腕で、料理なんて何ひとつできない私と同じ最低賃金で働くのは勿体ないなぁと思っていた。彼女たちが作ってくれる「まかない」はバイトで唯一のお楽しみで、ある日シングルマザーの女性に何気なく「料理がこんなに上手でうらやましい」と言うと、「何言ってるの？　誰でもできることで、あなたこそ自分の本当の仕事があってうらやましい」と言われた。

いやいや、そんなことありません！と勢い込んで、「ライターの仕事はあっても、ぜんぜん食っていけないから、ここでバイトしているんですもんっ。私は何もかも中途半端で、ダメダメ」と答えると、「私にはここしかないから」ときっぱり言われ、返す言葉がなくて無言で向かい合った。

実は同じようなことを過去にも別のバイトの現場で何度か言われて、私はそのたびに答えに窮していた。「本業がうまくいってれば、こんなところで仕事しない」などと失言してしまいムッとされたこともあれば、逆に「ライターさんもたいへんねぇ」と同情されたこともある。主婦パートの女性もいろんな事情があり、シングルマザーで生活に困窮する人もいれば、仕事が終わると帰りにその日に働いたお給料分以上の買い物を働く店でどっちゃりしていく人だっている。私たちは同じ最低賃金で働くバイトやパートでも少しずつ事情が異なり、お互いに気を遣い合っていた。

「だから、そういうのですごく悩むんです、うまく言えなくて」と男性の編集者に話したことがある。そうしたら、「そういうのは下方比較って言うんです」とサラッと言われて、「下方？　私たち、下の方で比較し合ってるってこと？　えーっ。何それ？」と思った。

正確には下方比較は、下の方で比較してるという意味ではなく、「より苦しんでいる人と自分を比較して安心する」ことで、「もっと苦しい人に比べれば私なんてまだマシだ」という考え方らしいが、どうであれモヤる。フリーランスで独身で暮らす私と、主婦の女性、共にバイトやパートで働く私たちはお互いに「あなたに比べたら私なんてまだマシ」

とか、比較し合ってるってこと？　それを男性の、パートで働いたことなんてない人がサラッと言う？　マジか？と思った。

しかし、考えると私のような独身女性と主婦の女性は、確かに何かと比較させられてきた。結婚している女性は〝勝ち組〟で、してない私のような女性は〝負け組〟と呼ばれた平成の時代もあった。私たちは時に敵対し、主婦の女性たちが小さな子どもを連れてグループでファミレスにいると、「チッ」と舌打ちした私がいたことも正直に言おう。でもそれは、私が間違っている。女性はみんな、たいへんな社会に生きてるんだ。

母に抱いていた感情は、父の言葉そのものだった

第一章に書いたように、今の年金制度は、日本のジェンダーギャップを反映してしまっている。極端に言えば、「女性は夫がいるんだから賃金も年金も低くてもいいでしょ」という制度になっていて、女性がひとりで働き、ひとり老後をむかえることは「想定されていない」んじゃないかと書いた。

そうだ。そして、結婚しているパートなどで働く女性の前には、俗に言う「〇円の壁」がニョキニョキとそびえ立っている。「〇円」には103万、106万、130万、

150万といった金額が都度入り、「配偶者の『扶養』の範囲内で働けば社会保険料も年金も支払いを免除しましょう。所得税は免税しますし、将来の年金も差し上げますから」と一見〝特権〟らしきものが与えられ、優遇される。でも、年収が「〇円」を超えたら〝特権〟は受けられませんよ！という制限がガチガチに存在する。

そもそも主婦の女性たちには現状、多くの場合に「家庭内の無償労働」が課せられている。働く夫の世話、子育て、それぞれの両親の介護も、土日祝日関係なしに女性たちが担うのが当然のことになってしまっていて、自分のやりたいことや夢に思いを馳せるのは二の次にせざるを得ない。

家庭でのケア労働に追われ、さらに家計のために年収が「〇円」を超える働き方を諦めなければいけないような人は、「自分に何かやれる」と思うことさえ難しいだろう。「自己実現」とか「キャリアップ」といった言葉を結婚前は使っていたはずが、結婚したら使うのが難しくなってしまうんじゃないか。子育てのためにそれまで勤めていた正規職を辞めたら、次には非正規の仕事にしか就けない不条理はあたりまえで、だからこそ女性の非正規労働者は男性のそれの2倍なのが今の日本社会だ。経済的にも精神的にも自分で生きていく力が奪われてしまう。離婚したくても、「ひとりで生きていくことが不安」という女性はたくさんいるはずだ。

なのに、私のような独身女性が「生活がたいへんで」と言えば、社会保障制度で守られているから結婚すれば女性は年をとっても安心、お得なんだからと、みんなはあっけらかんと「結婚すれば？」と言ってきた。〝足かせ〟の方には見向きもしないで。

そして、湯川れい子さんのような「〇円の壁」を突破している女性が実働としての家庭内ケアを多くは担っていなくても、何かと「パパに聞いてみる」とつれあいの意向を気にして、ご機嫌を伺うような精神的ケアを担わされていたのを思い出す。仕事の時の湯川さんとは違うおもねるような物言いを二十代の私は嫌って、一度「なんでそんなに気を遣うんですか？」と尋ねたことがある。すごいね、私。そうしたら湯川さんは「だってー、あたりまえじゃない」と言った。「和田も結婚すればわかる」と言う。何言ってるの、あんたは？という風である。そんな時は、そうなのか？と思ったけど、わからないまま今に至る。

そのうち、周囲の友達らが結婚しだすと、同様に何か事あるごとに「ダンナに聞いてみるね」とにこやかに言うようになった。もちろん、一緒に暮らしている人と合わせていくことが大切なことぐらい、私にもわかる。つれあいへの愛情や気遣いだってある。「うちのおとうちゃんがねぇ」という言葉で有名だった、タレントの大屋政子さんは大好きだった（なんか違う？）。でも私の誘いに対して何度もつれあいの都合で「ごめんねぇ、その日はダンナがダメなんだ」とならざるを得ないのはよくわからなかった。「和田さん、それは単にあなたが嫌われていたんじゃ?」と言われたら涙をジョジョジョと流すしかない。しかし、主婦の女性たちとたとえばボランティア活動などをすると「これでいいですか?」と彼女たちが遠慮がちに誰かに聞くことが多いのにある日気づいて、もしかして「パパに聞いてみるね」という知らず知らずのうちに強いられた習慣が、女性から「自分で決める」というチカラを奪っていやしないか?思った。中にはＤＶ気質の夫に、おさえこまれている女性もいるだろう。そういう夫は言語道断だ。もちろん、会社組織でも上司は圧倒的に男性の方が多い影響も多大だろうけど、「パパに聞いてみ」ざるを得ない影響の大きさを私は感じている。決めるのは男性。従うのは女性。それって、女性が議員になるチャンスをも奪ってやないか? 考えると胸がザワザワする。

そんなことをあれこれ思っているころ、女性の友情を描いた小説『一心同体だった』(山内マリコ/光文社)を見つけて読んでみると、「あなたはずっとそうしてきたように、お父さんとタッグを組んで、お母さんはバカだと笑う。でも本当にバカなのはあなたなの」という一文が出てきて、めちゃめちゃドキッとしてしまった。ああ、私もそうだったって。子どものころに遡ると、私は明らかに父と比べて母という一人の主婦をバカにしていたことを思い出した。

私の母はひどく貧しい家に育ち、16歳から奉公に出されるも、奉公先の女性から「手に職をつける」よう勧められ、働きながらマッサージ学校に通って資格を取得した（奉公先の女性、ビバ！）。私が小中高時代、母はマッサージ師として昼も夜も働いていて、患者さんから電話があれば治療に行く。一緒にごはんを食べていても、電話が鳴ればバタバタと忙しなく出ていく。思えば、母は私にとってフリーランスで働く大先輩だ。でも子どもだった私は、そんな母をバカにしていた。父は自分の実家こそ鍼灸マッサージ院を営んでいたくせに、マッサージ師という仕事を偏狭な目で蔑み、「近所に恥ずかしいから」と母にその仕事をさせなかった時期もある。私は父が直接口にする母を小バカにする言葉とか態度とか、圧倒的に昭和な家父長的価値観の影響をもろに受け、母を小バカにしていた。

母は家族の食事を作り、洗濯をし、掃除機をかけ、「遅刻だ遅刻だ」と慌てて治療に行く。ケア労働のうえのケア労働！　一日に何人もの患者さんを治療し、指は変形し、腱鞘炎になって痛い痛いといつも言って、指にトクホンを貼っていた。母の匂いは、私にとってはトクホンの匂いだ。でも、子どもの私は働く主婦である母に共感したり、いたわりの心を抱くことなく、家の中が汚いとか、ご飯のおかずが少ないとか、お弁当がまずいとか、文句ばかり言っていた。「いつも遅刻ばかりしてドンくさくて、それにマッサージの仕事なんて恥ずかしい」って父と同じように思っていた。私が母に抱いていた感情は、ぜんぶ父の言葉そのものだ。これを書いたら自分を殴りたくなったので、ソッコーで母に和菓子セットを送ってしまった。

あぁ、私たち女性って、マジで下方比較させられてきたんだって今さらのように気がつく。問題は私の中にこそ、あった。そうか、そうだ、ガビーン。私たちは分断され、いがみ合いさせられたり。いがみ合わなきゃいけない理由なんて本当はないのに、男性主導の政治が作ってきた社会保障の制度や、そこから形成された社会通念に追い詰められ、そうしてきた。私たち女性みんな、その瞬間を頑張って生きて働いているじゃん。なのに、チカラを奪われ、押しつけられた労働に縛られたり、自分を過小評価して決めることさえできなかったり、頑張る誰かの足をひっぱったり。それじゃ、ダメだよね？

資本主義社会で「主婦化」されてきたすべての女性たち

韓国の女性が15冊の経済学や社会学の本を読んで、主婦の無償ケア労働について考えたエッセイ『主婦である私がマルクスの「資本論」を読んだら』（チョン・アウン著、生田美保訳／DU BOOKS）という本を教えてもらって読んでみると、そこには、そうした問題の核心を突く恐ろしいことが書いてあった。

アウンさんいわく、資本主義社会においては「お金に換算されない労働は『仕事』とみなさないため、経済学が想定する『経済人』に専業主婦として暮らす女性は含まれない」のだそう。社会は主婦を「好き勝手にタダで使いながらもその価値は認めない」という現実だ。「わかっていたよ」と言われそうだけど、いざ言葉にすると圧がすごい。

そのことを改めて『国際分業と女性　進行する主婦化』（マリア・ミース著、奥田暁子訳／日本経済評論社）という本の中にアウンさんは見つけ、ひもといていく。それによると資本主義社会において「主婦」には、専業主婦である女性のみならず、独身である私も含まれるのだ。どういうこと？　つまり社会全体で「女性のアイデンティティーを『主婦』」化させることで女性を低賃金で雇用するか、無償で男性のために家事をさせる。資本主義の世界では、女性の「労働力を安く見積もることができる」し、「政治的にもイデオロギー的にも女性を支配することが可能」となるというからウアー！　それ日本だ！と叫びたくなる。

「結婚前に会社で補助的な仕事をし『お嬢さん』と呼ばれる女性。結婚して子どもを産んだあと半強制的に会社を辞めることを選ぶ女性。子どもをある程度育てて再び社会に出たものの低賃金労働に従事する中年女性たち」って、まさに！

私たち女性は資本主義社会においては等しくみな「主婦」という、男性中心の社会を回すための無償ケア労働を強いられる存在なんだと。「男を自由な賃労働者、女を不自由な主婦とする」(『国際分業と女性　進行する主婦化』)という役割分担が仕組まれている。私たちが分断され、下方比較し合っているうちに、仕組まれた社会に等しく主婦化されてきたという。結婚してようがしてまいが、専業主婦であれ、シングルマザーであれ、子どもがいようがいまいが、なんであれ負担を強いられている。

しかし、「私は自分で選んでそうしているのだから、負担とは思いませんよ」という、たとえば専業主婦の方々も大勢いるだろう。私が「無償労働」とか書く、その言葉そのもので傷つけていたら、ごめんなさい。そして「負担なんて言われると、私の人生を否定されたようで悲しい気持ちがするんです」という方々に、私は思いを馳せないとならない。慈しみと愛情でケア実践を喜びとしているその気持ちは尊いし、アウンさんも書いている。「人間を産んで育て、病人の世話をするという、人間がする労働の中で最も価値のある仕事をしているのだ」と。私の友達にだって、パートで働きながら家事や子育て、介護を楽しんでこなす女性は大勢いる。湯川さんだって、私から見たら「たいへんそう」だったけど、本人は楽しく充実していたと言うだろう。人の幸せは人それぞれ。バイト先で主婦の女性たちと私は楽しく会話もしたし、コンビニでバイトした時には、女性たちから学ぶことだらけで本まで書いた。

ただ、女性を追い詰めるように社会構造は実際に作られている。「主婦化」された女性たち（私たち）は、「おかず代」や「子どもの塾代」ぐらいの賃金が適当だとみなされている。しかも日本には「〇円の壁」がある故に時給を上げすぎると働きづらい、最低賃金は低く設定しておいた方がその制度を持続しやすいとも言われている。

そして、たとえばパートで働いてきた主婦の女性が離婚をすると、「〇円の壁」は目の前から忽然と魔法のように消えてしまう。それまで正社員としてのキャリアを中断させられたりで築いてこられなかった女性が、非正規のままいきなり税金も年金も健康保険料も自己負担になる厳しい状況に置かれる。それゆえに、DVや様々な事情があっても離婚に踏み切れない女性が大勢いるのも世間ではよく知られている。

私たち女性の多くは21世紀が20年以上たった今もまだ、男性主導の資本主義社会を築くために奉仕している。その社会構造を改めてみんなで、認識したい。そのうえで、お互いを慈しみ合いたい。背中をさするように互いの境遇を思いやり、涙さえ流す。私たちは仲間なんだ。

ふと周りを見回すとしかし、この資本主義社会を築くために作られた構造に馴染めない、もしくは馴染みたくない男性もまた苦しんでいるのが見える。「女だけじゃない、男だって家族を養え、強くあれという規範の中で苦しい」という声も聞こえる。私は言おう。じゃ、なおさら、この構造、変えなきゃ！って。みんなが苦しいのに変わらないなんて、おかしいよねって。議会をパリテにしよう。それは、女性のためだけじゃないんだよ！って。私はもう二度と下方比較をしたくない。同時に、私たち女性が「主婦化」を強いられることにノーと言っていきたい。ああ、現実に主婦であることではもちろんないですよ、ええ。そうではなく、「資本主義社会における主婦化」を拒否したい。どういう生き方をするか、何を思い、何を言うのか、自分で選択が自由にできるようにして、したい仕事をして、正当な対価を受け取りたい。

そのためには社会保障制度を整え、最低賃金を上げるべきで、だからこそパリテが必要だ。でも、逆に今の状況では国会におけるパリテの成立は難しい。私たち女性がひとつになってこそ初めてパリテは成立し、続いていく。女性こそ、みんなでひとつになって声をあげ、変えていこうよ！　ＹｏＹｏＹｏ！　高らかにラップ語尾を連ねるよ！

私は自分で引いていた、一本の線を消しゴムでゴシゴシと消していく。もう、線は引かない。

ちなみに私の母はその後離婚し、マッサージの仕事をしてひとりで生きてきた。10年ほど前には、同じ職業に長年従事した技術者をたたえる「技能功労者」に選ばれ、市から表彰されている。

第五章
おしゃべりから始まる抵抗

コメよこせ！　生きさせろ！

女性たちがひとつになり、一緒に声をあげる大切さが今や私の中でガッツリと明らかになった。チョットアックカタリスギタ？　いやいや。そうなると、がぜん気になったのが、大磯の田中洋子さんや久保田さんら主婦のみなさん、それに湯川さんらが頑張ってきた消費者運動だ。一体どこから、誰が、どう始めたんだろうか？　今さらながらゴソゴソ調べてみたら、なんということだ！　私は激しく驚いた。

1945年戦争が終わったばかりのころ、圧倒的な食糧難に多くの人が飢えている中で、関西の主婦15人が「コメよこせ」と立ち上がり、風呂敷を持ってコメを配給する「米穀配給公団配給支所」に押しかけた。遅配・欠配が続いていたコメを女性たちが大勢で声をあげたことで、配給させたという。彼女たちには特別な思想とか、高い志などはなく、とにかく、コメよこせ！　生きさせろ！と叫んだ。「生活の苦労をしているわてらが立ち上がらなければ、食糧危機を突破できない」と、「米よこせ風呂敷デモ大阪府鴻池主婦の会」を結成。すり減った下駄とすりきれたワンピース姿で物資のありかをかぎつけては、分捕り作戦を実行したという。なんということか……。

消費者運動のうねりは、ここから大きく全国に広がっていく。「消費者運動はお金に余裕がある人がやる趣味みたいなもの」なんかじゃない。まったく逆で、飢えに耐えかねた女性たちが、やむにやまれず立ち上がった運動だった。ごめんなさい！　私、なんて失礼なことを言ってたんだろう。恥ずかしい。それは命がかかった運動だったんじゃないか。

1948年9月には東京・原宿で、女性運動家の奥むめおが「不良マッチ退治主婦大会」を開いた。当時マッチは生活必需品。火をおこして湯を沸かし、飯を炊き、夜には風呂を沸かす。奥むめおと集まった主婦たちはマッチ会社と話し合い、粗悪品を作らないことを約束させる。これが「生産者や行政と向き合った本格的な消費者運動の起点」となり、「台所の声を政治へ」をスローガンに、奥むめおは「主婦連合会」を結成したという。

少し前、とある会合があって四谷の主婦会館に行くと、まさに奥むめおの写真が飾られていた。そこが主婦連の本拠地だった。私が四谷にあった湯川さんの事務所で働いていた二十代のころ、日々目にしていた建物だ。目の前にあった。ぜんぜん知らなかった。

女性たちが生きるため、生活するために始めたのが消費者運動だった。私は間違えていた。苦しい時、生活が破壊される時、女性たちこそ、いちばんに声をあげてきた。ふざけんなよ！と風呂敷持って押しかける。奥むめおは言っている。「くらしのつらさは政治の悪さからくる、私たちの自覚の足りなさからもくる」。ああ、その通りだ。私、知らなかったし、知ろうともしてなかったな。

うまいこと話せなくっても、声をあげる

そして、期せずして私も路上で自分から声をあげ始めた。

大磯に通っていた2022年6月、私の住む東京・中野区の隣の杉並区で区長選挙が行われ、当時まだ無名だった岸本聡子さんという女性が立候補をした。地域から政治を変えていこう！と発信していた岸本さんを応援したく、何かできることはないかなぁ？と思っていた。その少し前、岸本さんと映画『香川1区』の上映館でたまたま席が前と後ろになり、話をしていたんだ。岸本さんが私の本『時給はいつも〜』を読んでくれていて、ワァ〜と盛り上がった。

そうしたら、「サポメン（サポートメンバー）ひとり街宣」というのがあると聞いた。とにかく名前も顔も知られてない岸本さんだから、ポスターを手に持って杉並区内の駅頭に

立ってるだけでいいという。それなら私にもできると手を挙げて参加を決め、杉並区内を走る西武新宿線の井荻駅前に立つことになった。

当日、井荻駅前に着くと「和田さんの『今からやります』というツイートを見て来ました」という応援の女性が二人も来てくれていた。一人は近所に住む、市民運動に慣れているチコさんで、マイクまで持ってきてくれている。せっかくマイクがあるならと、私たちはポスターを持ちつつ順番に「6月19日が杉並区長選挙ですよ〜」とか言いながら、わいわい楽しくやっていた。すると、さらに一人、二人と加わり、最後には#KuTooを広めた石川優実さんまで「和田さんのツイッターを見たから」と来てくれ、感激っ！　石川さんとは私の本『時給はいつも〜』が出た時に対談をお願いして以来、SNSでゆる〜くつながってきた。女性ばかり6人で楽しいアピール行動だ。互いにポスターを持って写真を撮り合ったり、それぞれ自由に、順番に話した。

私はそれまで何度か選挙の街宣を手伝ったことがあったものの、いつも候補者と事務所の人や有名な人がマイクを握ってしゃべり、庶民は「下の者、働きます！」みたいな体でビラ配りをする。そこにヒエラルキーみたいなものを感じ、モヤってきた。候補者を囲んで誰もが等しく一票のはずなのに、どうしてか「エラい人と庶民」みたいな図になっていくの、おかしくない？って。それがひとり街宣だと、それぞれみんなが主役になれる。

私が主役だ！　みんな堂々としていて、それに何より楽しい。大磯の〈古道つなげ隊〉もそうだけど、社会的なことをやる時に楽しいって大事だよね。

小一時間で終えると、「じゃ、お昼でも食べようか？」なんて誰からなしに言い出し、初めて会った6人で、「ここにしよう」とカレー屋さんでランチをした。そこでもずっと選挙と政治の話をして、とても有意義で楽しかった。自分で始めれば市民運動では自分が主役になれて、とても楽しいと初めて知る。なんだか、クセになりそうな気がした。

そして夏になって、今度は「国葬賛成反対シール投票」というものをやってみた。「国葬」問題がにわかにクローズアップされると、TVでは「55年前に行われた吉田茂元首相の国葬では大磯から武道館に向かって車列が出ました」と、大磯が何度もテレビ画面に映って、私にはとても身近な問題に感じられた。しかし、参議院選挙の応援演説中に撃たれて亡くなった安倍元首相の国葬を、法的根拠もないまま岸田首相が決めて行うことに、とてもじゃないけど賛成はできない。

すると「国葬賛成反対シール投票」というのをやっている人たちがいるのを、SNSで見つけた。段ボールの板に賛成反対の意思を示すシールを、道行く人に自分で貼ってもらう。「わっ！　これ、やりたい！」。賛成、反対のシールを貼ってもらえば、みんなの気持ちを可視化できる。難しいことは何もいらない！　これなら私一人でもできると、近所のスーパーでダンボール箱をもらってきた。山形のスイカの箱がちょうどいい大きさで、一つじゃ心もとないから二つもらい、カッターで切って、シールを貼る板にする。近所の文房具屋さんで画用紙を数枚買って、ダンボールに貼り付けた。画用紙は一枚30円だった。「やるやる」言いまくっていたら、前回も来てくれたご近所のチコさんがまた来てくれるという。マイクも貸してくれることになり、投票板は多めに作ることにした。投票用のシールも「★型と○型、どっちがいいかな」なんて悩みながら、いくつか買ってきた。

これで準備万端！　近所の駅前で、夕方5時からやることにした。少し前に私をトークイベントに呼んでくれた練馬区に住む二十代の女性にも声をかけたら、「行きます！」と言う。ふだんはあまり政治には関わらない、地元のロックな友達も来てくれるという。

当日、近所の駅前に行くと、チコさんがさらにご近所さんに声をかけてくれていて、7人も集まっている。男性1人、女性6人。そのうちの一人が、生活者ネットの細野さんだった。7人でまた交代にマイクを持ち、「シール投票やってます」「安倍元首相の葬儀に賛成ですか？　反対ですか？」「私たちは中野区の有志で、どこかの団体ではありません」などと思いつくままをしゃべった。

べつにうまいことは話せない。だって、（細野さん以外の）私たちは政治家でも運動家でもないんだから。しどろもどろに「何言えばいいんだっけ？」とか、マイクを持ったまま言ってしまう。でも、だからなんだっていうんだろう？　うまいこと話せる人しか政治に声をあげちゃダメなんて、誰が決めた？　うまいこと話せない私たちこそ声をあげるべきだと思う。

マイクを持たない時は道行く人たちに「シール貼ってみませんか？」とか声をかけ、貼ってもらった。それだけだって、私たちにはチャレンジだ。でも、どんどん度胸がついてくる。さらに、ＳＮＳで見たシール投票では「私たちは反対です」と表明してやっていたけど、私は自分で考え、賛成反対は一切表明せず、賛成の人もシールを貼りやすいようにした。だけど、賛成の人はあまりいなくて、賛成シールを貼るにしても無言でバシッと貼って足早に行ってしまう。逆に反対を示す人は「国葬反対です」「税金払いたくないわよね」とか話しながら貼っていく。高齢の女性やら、ベビーカーを押す若い夫婦とか。こういうのやると、話したことない人たちと話ができるんだなぁと思った。市民の輪はこうして広がるのか！と知った。

結果は「賛成30　反対１０７　真ん中１」で、圧倒的に国葬反対だった。家に帰ってから「シール投票をやった！」とツイートすると、たくさんリツイートされ、数週間後、今度は私が声をかけた二十代の女性が練馬区でシール投票をやったと知らせてくれた。少しずつ輪は広がる。きっと大磯の女性たちの消費者運動も、こんな風に広がったのかもしれない？

正直なことを言うと、岸本さんを応援する「ひとり街宣」も私が参加したのは一度だけ。シール投票もこの時しかやっていない。ずっと続けることができなくても、別にいいんじゃないか。やれる範囲で何かやれば、波はたしかに伝わっていくと実感できた。もちろんシールを貼ったからって、国葬を中止にはできない。それでも、私たちの多くは反対していたんです、と示すことが大切で、政府は反対の声が多いのにそれを執り行ったと可視化できた。私も「コメよこせ」の女性から始まった流れにつながれた、そう思っている。

東京以外で暮らすという新たな選択肢

そうやって地元で市民運動をやったりしながら2022年の春から夏、秋と、私は大磯に通い続けていた。何でこの町ではパリテが続いてきたのか？　自分で「これだ！」と納得できる理由が見つけられず、当てもなくふわふわと通っていた。

湘南新宿ラインはいつも横浜から戸塚辺りを過ぎるとだいぶ空いてきて、のんびり車窓を眺められる。ふだんはどこにも行かないで、近所を自転車でぐるぐるするぐらいの私だから電車に乗って行く大磯は旅だった。駅に着くと、そのまま議会を傍聴に行く日もあれば、〈パン屋の富田〉や〈ギャラリーｕｍｉｎｅｃｏ〉に行く日もある。行けば何かに出会えるかもしれない？と期待して、何度も何度も湘南新宿ラインに乗り込む。もっとしっかり下調べをして、今日はこれの答えをもらおうとか相手も絞りこみ、目的を持って取材をすれば数回で済むし、お金だってかからない。なのに、どうしてこんなにぼんやりと何度も通ってんだろ？　自分でもよくわからないまま電車に揺られ、なんとなく行ってしまう。もはや取材なのか何なのか、わからなくなった。そのうち気づく。あー、ここ、私の居場所になってる。

初めて大磯の駅に降り立った２０２２年の春には誰も知ってる人はいないし、この町で女性たちが声をあげ、運動したことなんて、何も知らなかった。ひたすらよそよそしかったこの町に、いつの間にか知ってる人が大勢できて、友達になって、道がわかって、行くところができた。「スーパーしまむらの自家製パンがおいしいよね」とか、めちゃくちゃローカルなことも言い出す。

昔から大磯には、移住する人が多いと聞いた。それが、肌身で私もわかってきた。見知らぬ人をよそ者扱いすることなく誰でもウエルカムして、見境いなく親切にする――天野っちも言っていた「何をしても面白がって」くれることを、私も大いに感じた。

〈パン富〉で知り合った、よしのちゃんというジャズを歌う女性が「私は大磯に来て、生まれて初めて近所に友達ができたんだー」と言っていた。生まれ育ったのは銀座というツワモノで、「すげー」と言ったら、「子どものころは身体が弱くて入院ばっかり」と言われて、シュルルッとする。人は事情を抱えている。彼女は6年前に大磯に来て「駅前で座っていたらいい所だなと思って」移住を決めた。そういう人に何人も会って、自分のことを振り返ったりしながら、会えば会うほど、行けば行くほど大磯の面白さが感じられた。

大磯って、関東の人気エリアである湘南の一部だ。というか、湘南という地域名は大磯から生まれたという説がある。なのに湘南っていうと人は茅ヶ崎あたりを思いおこすし、そちらへ行ったり、移住したりする。江の島、サザン、加山雄三。そこを敢えて大磯を選ぶ人はメジャーよりインディーズが好きで、レコードのA面よりB面が好きな人かもしれない。大磯は島崎藤村、獅子文六に大岡昇平だ。渋いぞーっ！　でも、渋くても暗くはない。町の人は明るく、話し声が大きい。その代表は、よりちゃんかもしれない。そして、自分の好きなものがはっきりしていて、「私たちの町のことは私たちが決めます」と言う。

私は大磯でたくさんの人に会って話を聞き、自分の暮らしを振り返り、さまざまなことに「あっ！」と思って、考えることができた。ひとりで生きる意味を初めて考えて、自分は自由気ままに生きてるつもりだったけど、女性の理想的な生き方に縛られて意外と心底では自由ではなかったんだなぁと気がついた。それでもやりたいことをやってきたのもまた事実で、「いいじゃん、それで」と思えた。女性の分断の愚かしさをじっくり考え、反省もした。大磯よ、ありがとう。そして今、私にとって大磯は、拠り所になっていると思う。大磯が頭の片隅にひょっこりあって、知ってる顔が笑い、いつか住むのかもしれない。自分は18歳で東京に住み始めて、東京以外には住めないと勝手に思い込んできた。でも、そうじゃない。どこにでも仲間は作れて、新しいことも始められる。人生を支える柱が、一本増えたように感じている。

「おしゃべりをしたいから議員にはなりません」

そういう取材なのか何なのかが終盤に差しかかったころだった。「今さらわかったの?」と大磯の人に突っ込まれそうだが、大磯の中心エリアにはチェーン店のカフェやファミレスが一切ないから、ちょっとお茶が飲みたい時は個人が経営するカフェに行くことになる。「結果、そういうところがみんなの居場所になるのかな?」と気づいた。思ったので口に出してみたら、〈パン富〉を手伝う天野っちが「それなら〈カフェぶらっと〉にも行ってみたら？」と教えてくれた。それ、どこ？と聞いたら、私が通い続ける大磯町役場の目の前だった。「あそこはカフェだったのか。やってるように見えなかった」などと失礼なことを言ったら「（2022年）12月で閉店してしまうんだよ」と言う。そして「そこは市民運動の拠点みたいなところだよ」って。「早く言ってよ〜！」と叫び、後日また湘南新宿ラインに乗って、大磯駅に降り立った。もうじき閉店してしまうお店で、店主の新倉常代さんに会うことができた。いや、また、女性。会う人会う人、みんな女性だ。

〈カフェぶらっと〉には天野っちにも同行してもらい、二人で行った。挨拶を済ませると新倉さんは私たちにミント入りのルイボスティーを淹れてくれながら「それで和田さんは、いろんな人に会ってけっこういいとこ行ってる感じがするのに、今ひとつ確信できてないってことなのね？」とズバリ見抜いてきて、まったくその通りですと頷いた。

「あなたみたいに、女性議員がなんで大磯には多いかって知りたい人が、どこへ行ったらいいかわからなくて、とにかくまずここに来ることが多いんですよ。なにせ役場の目の前でしょう？」

ニッコリ微笑んでそう言われ、「ふつうはいちばん最初にここに来るのか」と己の迂闊さに驚きながら、ミントの入ったルイボスティーをズルズルっと飲んだ。おいしい。大磯の人はみんなお茶を淹れてくれる。新倉さんは着物姿で、女将な感じの人だ。そして、

「女性議員が増えたのって、大磯が元々はものすごい封建的な古い社会だったからかも」と、意外なことを言う。

「私は夫が大磯の人間だったんで県外から引っ越してきて住んでいますが、大磯は『3代住まないと大磯の人としては認めない』なんていうぐらい古い町でね、平気で『女なんか』って言う人がいるわけですよ。そういう土台があるから逆に抵抗するっていう言い方は変かもしれないですけど、女性がきちっとものを伝えていかないと男性だけが動かしていくようになってしまう。お祭りとか町内会の催しでも、とにかく男性だけになるから女性が自然に集まって対抗していったんじゃないか？って。私たち、議会に女性を出そうとか、一度も言ったこともも、思ったこともないんですよ。でも、そうなっていくのは、そういう抵抗が根底にあるのかもしれないと私は思ってるんです」

なんとーっ！　今まで見聞きしてきたことと真逆なことを言われた。でも「3代住まないと」の話は、消費者運動をやっていた久保田さんも言っていた。久保田さんは「移住者が増えて町の新陳代謝が起こって」変わっていったと言っていて、それもありだし、新倉さんの「抵抗説」にも納得する。どちらも正しいんだろう。大磯町は古い町で元々は保守的だからこそ女性が抵抗し、物を言い、議会へと立った。移住してきた人が増えて、新陳代謝が起こって女性たちが物を言いやすくなって、議員になった。

それにしても新倉さんは、なんでカフェを開いたのか聞いてみた。

「早期の定年退職をすると退職金がものすごく良い時代だったんで、それをもらって何かしたいねって夫と話していました。年をとってから子どもが生まれたので、側にいられる仕事がいいねということもありました」

お店を始めたのは2003年。まさに大磯町議会がパリテになった年！　ところがお店を始めて3年で、やりたくて始めたおつれあいが亡くなってしまう。中学生と小学生、子どもたちがまだ小さかったのでお店は一人で週に4日だけ営業した。天野っちいわく、「とにかく人助けがすごい」新倉さんはカフェの傍らで、医療的ケアを必要とする子どもを抱える家族を支援する施設の設立に関わり、患者や家族、スタッフの体調などに配慮した食事作りも担っていた。ああ、ここに現代の澤田美喜さんが……。

そんなアタフタする毎日の中で東日本大震災と原発事故が起こり、「いろんなことをきちんと見てこなかった」と反省した新倉さんは、仲間と〈町民立環境ネットワーク☆大磯〉を立ち上げた。

「最初は小学校のグラウンドの放射線量を計って下さいということから始めたんですが、じゃ、それをどこに、どう申請したらいいんだろうね？となりました。自分たちが思ってることを、どうやったら町へ正しく伝えられるか？　ただ町役場に行けばいいだけじゃない。どう民主的に伝え、解決していけるのか？　その壁にぶち当たったことから、町の憲法とも言われる自治基本条例の勉強会をみんなで始めたんです。大磯町では震災の年、2011年9月に施行されています」

その流れが私には驚きすぎる。「どうしたって、民主主義って何だ？ってなるんです」とさらに新倉さんに言われ、驚愕。大磯に住む女性は、どうしてこうも自分で考え、学び、行動していくのか？　頭の中でこれまで取材してきた、自分から立ち上がる女性たちの連綿とつながる姿が浮かんで、ぐるぐるする。すごいよーっ！

「それで、このお店にみんな集うんですね？」

そう言ったら一緒に来ていた天野っちが、「そうそう、ママ（新倉さん）にしゃべりたいって、みんなが来てね」と言うと、新倉さんが「しゃべりたくないけど、興味はある人はそこ（店の入り口近くの端っこ）に座るんですよ」と言う。そうか、そうやって、「民主主義って何だ？」と会話が育っていく。ここは運動する人もしない人も集まる、町のみんなの居場所だ。

新倉さんたちの〈町民立環境ネットワーク☆大磯〉は2019年6月の町議会議員選挙と、2022年11月の町長選挙前の前に、町の課題や各々の考え方についての公開アンケートを実施した。それぞれの候補者全員に数問のアンケートを送って答えてもらい、印刷してカフェや駅前で配布したり、ネットで公開した。２０１９年には1万世帯に戸別にポスティングもした。それぞれの選挙でこの取り組みがどう影響を及ぼしたかはわからないとしても、結果的に投票率は上がっている！

そのネットワーク会には今、小さな子どもがいる三十代の女性をはじめ、5人の女性がいるんだそう。また、みんな女性。アハッ。さすが大磯。新倉さんは「許せないことを許せないって言うだけなんです」と言うから、じゃ、議員になったらいいのではないですか？と聞くと、「私はおしゃべりをしたいから」と言われてハッとした。そうだ、議員になる人も大事だけど、こうしておしゃべりする人、そして、おしゃべりする場所こそ、すごく大事じゃないか。大磯には新倉さんのような人がいて、カフェという場所を作り、おしゃべりをしてきた。私だって〈パン屋の富田〉に巡り合い、おしゃべりして、大磯のこと、議会のこと、政治のこと、いろんなことを話した。

声をあげて抵抗することは、おしゃべりから始まるんじゃないのか？　たとえ社会に疑問や怒りを持ったとしても、すぐ路上に出て声をあげるなんて、やっぱり難しい。気力も体力もいる。それなら、まずはおしゃべりから始めたらいい。よもや、ずっとおしゃべりでもいいかも……と言ったら、新倉さんに「良くないです！　井戸端会議で終わらせてはいけないと思っています」と言われて、ああ、そうでした！と、てへぺろする私。でも、声をあげるって、決して拳を振り上げることだけじゃないと思う。とにもかくにも、声に出していきたい。

残念ながら〈カフェぶらっと〉は2022年12月でクローズした。けど、〈町民立環境ネットワーク☆大磯〉は存続するし、新倉さんはまたどこかに場所を作っていく気がする。それに〈パン富〉もあるし、駅の周りには女性たちが営むカフェも増えている。おしゃべりから街角の民主主義って始まる。

逃げずにイヤと言えばよかったのか！

さて、話はまた大磯町の時空をぐるぐる遡り、大磯小学校のPTA、亀倉弘美さんと笹田美帆さんと会った時に戻りたい。はい、ページを前に前に手繰ってください。お手数かけます。あの時、こんなことを笹田さんが教えてくれた。

「実は大磯中学校には制服がなかったり、授業間のチャイムがなかったりします。元々それはスクール水着の自由化から始まっていて、自分たちが決める！と生徒たち主体で始めたそうなんですが、それの指導をしていたのが杉山映子先生という女性の先生で……」

女性の先生が指導して制服もチャイムもない？　どういうことですかっ？　私はガッと上半身が乗り出さんばかりになった。

「以前に大磯小のPTA広報誌『いそかぜ』で、杉山先生にインタビューしたことがあるんですけど、制服を強いることは、『制服を着ていない、みんなとは違う人を排斥する土壌を作っていたという気づきが生徒と教員の両方にあった』と話していました」

制服を自由化したのは、いつごろの話なんですか？

「1980年代から始まったみたいですよ」

私のライター・アンテナが反応する。杉山先生なる人になんとしても会いたいと思った。たとえば「男女別の制服が、そのどちらかに自分を区分けできない子どもを悩ませる」というような認識も、今ならありえる。でも、30年以上も前に、制服を強いることはみんなとは違う人を排斥する土壌を作るなんて認識が？　もしや、パリテを生む土壌を耕すことになったんでは？　これは杉山先生になんとしても会わねば！　鼻息荒く心に決めた。

杉山先生とは、大磯から少し離れた町のファミレスで会った。それらしい人が私に気づいて手を振る。「こんにちは、杉山先生ですか？」　挨拶をすると立ち上がり、「すみません、まだモーニングやってて、フレンチトーストに心惹かれ、先に食べちゃってました」なんて笑いながら言ってくれた。ああ、良かった。いい人だ。「では、私も」とモーニングを注文し、向かい合い、モグモグしながら話を始めた。

「私が大磯中学に着任したのは1981年でした。そのころの大磯中は女性の先生が多くて、それがすっごくヨカッタんです。しかも、女性が多かっただけじゃなく二十代、三十代だらけで全体に若かった。若いもんはなんだかんだとよく言われますが、若いもんに何でも任せてくれたんですよ。私は28歳で特別活動の主任になりました。ちょうど大磯中が神奈川県の同和教育（人権教育）の研究指定校になった時で、何か言われると『この人権が目に入らぬか〜！』と水戸黄門の印籠を心で掲げていました」

真面目なのかオモシロなのか杉山先生はフレンチトーストをモグモグ食べながら、饒舌に語る。おしゃべりが大好きで、私が思う大磯の女性そのものな感じ。さっそく制服の改革について聞いていく。

「1986年かな、私は生徒会の本部担当になったんです。その時に生徒側から『水着の自由化をしたい』と要望が出ました。大磯中にはプールがなくて、町にあるプールに年に3回だけ行く。そのためにスクール水着を買わされるんです。それは無駄だし、あの年ごろの子たちには身体にピッタリしている水着は抵抗があるでしょ？『ふだんから自分で着ている水着でいいじゃないか？』って言い出したんです」

水着に抵抗がある？　ビックリした。私はスクール水着はもちろん、小学生のころからあの悪名高きブルマーなるものも履かせられ、どちらもイヤでイヤでたまらなかった。水着は夏の一瞬だが、ブルマーは通年。いつもブルマーから下着がはみ出ていないか意識し、仲良しの女子たちとはお互いに「ハミ出てるよ」とコソッと教え合えるけど、男子たちは「ハミ出てる」ことをわざと聞こえるように言って笑い、下着の色を話題にさえする。生理の時など、心底困った。だって今みたいに薄くて吸収力のいいナプキンなんてない。モコモコ分厚くて吸収力の悪いのしかないから、どうしたってブルマーが膨れて、「生理だってバレてやないか？」と思春期の私は不安で死にそうだった。しかも中学生になってジャージの上下というのが登場し、体育の授業で男子はジャージのズボンを履いていても許されるのに、女子にはブルマー着用が強いられたままだった。ものすごい差別。あんなものを6歳から18歳までの女子生徒にだけ強制的に履かせていたなんて、超ド級のセクハラでしょう？

でも、それを大磯中の生徒のように「イヤです！」と「声をあげる」なんて、思いもしなかった。そもそも「声をあげる」なんて概念が私にはなかった。規則はあたりまえにそこにあるもので、従うのみ。どうしてもイヤなプールの授業とかは、なんとか理由をこじつけ、休みに休んだ。その場から逃げる、しか私にはまったく手がなかった。

逃げることが続くと、逃げてばかりの自分を「ダメな人」と思うようになったと思う。ああ、そういうことなんだな。声をあげるなんて知らないから、逃げて逃げて自分をダメな人間だと思い続け、そのまま大人になったんだ。私の自信のなさの起源はもしや、ブルマーやスクール水着？　許せんっ、ブルマー！　許せんっ、スクール水着！　許せんっ、女を追い詰めるルール！

そして大磯中では子どもたちがどんどん声をあげ、変えていった。

「スクール水着を自由化し、その勢いで生徒手帳に書いてあるいろいろな校則（生徒心得）を白紙に持ち込もうよって生徒たちと話しました。職員会議を通さなくても生徒総会で規則を決定できるよう変えたんです」

どういう手順なんでしょうか？　生徒たちはどうやるんですか？

「水着のことは男子生徒から『トランクス型でいいんじゃないか？』ってクラス会で出てきた意見を、クラスの代表が集まる学校議会にあげて話し合いました。そこからアンケートをとりながら、何度も話し合い、じわじわ進めます。みんな、語り屋なんですよ。自己主張するタイプの子たちがその年の3年生には揃っていて、ひたすら話し合いしました。一度、生徒会本部の生徒のお母さんから『うちの子が疲れ切ってる』って怒られたことがあって、気づいたら7時間ぐらい話し合っていたこともありました」

7時間て！　そこまで付き合う杉山先生に驚く。いや、そこまで付き合う生徒に驚くべきか？　とにかく両者共に、並のエネルギーではない。

「学校議会だけじゃなく、生徒総会もやります。みんなで体育館に座って、しゃべり合う。生徒全員ですよ。手を挙げて自由に発言する空気は、私がいた最近まで大磯中にありました。毎年、生徒会のスローガンというのも決めるんですが、意見がいっぱい出てぜんぜん決まらない。学校議会でいくつかに絞ってから決めるはずが、『これがいい』『こっちがいい』とばらばらに意見を言い出して、その形式が30年も続きました。男子も女子も関係なく意見を言う。一人、手ごわい女子がいて、彼女が立ち上がってしゃべる姿を今でも思い出します。みんなが納得する意見が出ると、拍手が巻き起こったりもしました」

すごいですね！と、今の私はキラキラとした目で杉山先生に興奮気味に言ってしまうが、熱く語る大磯中学の生徒たちと同年代、十代のころの私はそういう様を遠くから眺めて、トコトコ一人、あっちの方に行くような子どもだった。人と合わせるのが苦手で、中学1年の時担任の先生に「あなたはクラスの和を乱す」と怒られたことがある。「みんなと合わせろ」と言われ、息がうまくできなくて過呼吸になったりもした。大磯中にもきっと、私みたいな子もいたはずだ。

「誰もが水着の自由化を望んでいたわけでもないし、『なんでこんなムキになって話し合ってるんだろう?』と思う子もいたんだと、当時の生徒たちが会いに来てくれた時に聞いて、知りました。あのころは猪突猛進、行け行け〜!と私は思っていましたから」

それじゃ、その生徒はどうしたんでしょう?

「その生徒も水着を変えたくないわけではないんです。別にどちらでもいいなぁ、ぐらいで。全体に生徒たちの変えたい!エネルギーが大きくて、私も教員として生徒の意欲に引っ張られていました」

言われてみると、私だってクラスのみんながすることに反対だったわけじゃない。別にどちらでもよくて、ただノリが合わないなぁって思ってたぐらいで。ああ、これってPTAの亀倉さんと笹田さんが言ってた「以前はやりたくない人に基準を合わせていた」って話に通じる。やりたい人に基準を合わせたらパフォーマンスが上がる、そういうことだ。

となると、もしや、当時の大磯中生が今、大磯小のPTAになって、革命を起こしてるんじゃや? そう思って大磯小PTAの改革を最初に行った鈴木一成さんに尋ねると、まさに大磯中の制服改革の中に生徒としていたと言うではないか。おおっ!と前のめりに「ノリノリでしたか?」と聞いたら、「いいえ、中学時代はとても大人しかったので、まったくといって学校議会には参加していませんでした。すみません。生徒会のみなさんが私服化に向けて頑張っていたのはうっすら覚えていますが、どこか人ごとでしたね。僕が生徒会本部にでも入っていたら面白かったですね」と言われた。でも、そこで見ていたってことは大きいですよね〜としつこく聞いたら「子どものころに受けた影響って、具体的にこの時受けた教育が今こうなってるとかってなかなか難しいですよね」と言われ、ガクッとしつつ、そうだよなぁと思った。世の中、そうそう筋書き通りにはいかない。トコトコあっちの方に逃げてばかりいた私が今「みんなで声をあげよう」と叫び、「どこか人ごと」だった人がＰＴＡの改革を成し遂げ、「なんでこんなにムキになって？」と思っていた子が大人になってから、その中心にいた先生にわざわざ会いに行って、話をする。人生には思いがけないことが起こり、まっすぐなんて進まない。

平等のために「みんな同じ」にする必要はない

杉山先生は校則の改定を果たすと、生徒会の担当を次の先生にバトンタッチし、「インクルーシブ教育」の実現を大磯中学で図っていく。障がいのある子もない子も、みんな一緒に学ぶ教育で、今では国を挙げて推進している。

「生徒は平等でなくていいんです。一人でお風呂に入れる子を入れてあげる必要はないけど、入れない子は入れてあげないといけない。そういうことです。教育は違いを受け止めることが必要で、『この子だから声をかけてあげよう』というのが大事なんです。制服を着ているとわかりやすいのと同じで、何かルールを決めてあると、それに沿うだけでラクだし管理しやすく、指導もしやすい。そこが決まってないと、いちいち一人ひとりについて考えなきゃいけない。でも、それが大切なんです。人は一人ひとり、違う。それを大切にする世の中に動いてほしいです」

平等でなくていい。ああ、杉山先生、そう、それですよね。私が小中学生の時代は「みんな平等」という教育で、それを「みんな同じにしないとダメ」と思い違いしていた。でも、そうじゃない。同じじゃなくていい。それぞれの違いを知り、認めていく。確かに面倒だ、それは。でも、それが教育であり、また、社会はそうであるべきだ。

そんなこんなで、杉山先生とは2時間以上話した。さすが7時間も生徒と話した杉山先生。おしゃべりが大好きな感じ。あ、そうか。声をあげるのは、おしゃべりから始まるんだよね。周りを見ればモーニングが終わり、もうランチの時間じゃん？　しかし、最後に言うんだ、杉山先生が。

「私はひとりで生きてきました。自分の中学の時の先生に会って『杉山です』と言ってもえてくれてなくて、『旧姓は何だっけかな？』と問われて、『いいえ、杉山です』って答えて。私はずっとひとりで生きていくんだって、なんかすっごく早くに思ってしまってね。そんなに早くに決めなくて良かったなって今は思いますけど、うちは父が早くに亡くなって一生できる仕事を持ちたいと思っていました」

えーっ？　そうなんですか！　嬉しくなって「私もひとりですよ～」と言って笑い合い、「ぼっち暮らし」を語り合う。〈パン富〉の英美ちゃんが「大磯、ひとり身の女性が多いのよ」と言っていたのを思い出し、つくづく大磯では女性が多様な生き方を選んできたんだなぁと思った。

そして、「制服を着ることで、みんなとは違う人を排斥する土壌を作っていたという気づきが生徒と教員の両方にあった」という制服自由化については、「芦川先生という方がやっていたので、紹介しますね」と、杉山先生が紹介してくれることになった。大磯の人をつなぐ力で、私は引き続き芦川先生を訪ねることになった。

正解のない問いを問い続ける力

芦川先生とは大磯町のはずれにある、これまたファミレスで会った。ファミレス三昧だ。

今度はメニューをしっかり吟味し、私も先生もプリンを注文した。芦川文彰先生は旧姓を吉田といい、「当時の生徒たちには吉田先生と言わないとわからないですね」と言う。じゃ、吉田先生、大磯中にはいつから赴任されてたんですか？

「私は元々、書店に勤務していました。28歳で教員になり、2年目の1986年から大磯中学で働き始めましたが、大磯中に来てなかったら、ぜんぜん違う教員になっていたかもしれません。なにせ大磯中は職員会議で先生たちがどんどん発言するので。キャリアも性別も関係ない。管理職には決めさせず、最終的には多数決をとって決めたりする。私が驚いたのは、昼休みに臨時生徒総会で子どもたちが話し合ってる場面です。それはもう、カルチャーショックで、すぐに生徒会担当を志願しました」

生徒たちは、どんな話をしていたんですか？

「その時々でいろいろな課題を生徒総会で議題にしました。たとえば校内で傘がなくなる、じゃ、どうしたらいいか？とか。最初は『監視カメラつけろ』なんて意見も出るけど、話し合いを積み重ねることが大事で、『傘を盗る人の意識を変えていくことが大事だ』なんていう子も出てくる。いろんな意見を聞いて、自分で考えて決めることが大事なんです」

自分で考えて決める？　でも、それ、子どもには難しいことだと思うんですが？　気になることを、畳みかけるように聞いた。

「そのころは先生が生徒を信頼し、生徒はそれに応えようとするいい循環もありました。子どもは意外と保守的で、新しい方向へ進めなかったりする。だから、常に話し合って真剣にやればいいんだよと子どもたちを励まし続けました」

あんまり変わらない時代に私も中学生だったのに、私の通った中学校では生徒は先生に苗字を呼び捨てにされ、言いたい放題されていた。中学3年の時に三十代の男性教員から「おまえは人の顔色ばっかりうかがって、こざかしい」なんてヒドイこと言われたのを、今も覚えている。

でも、大磯中学では生徒と先生が信頼し合い、話し合いを重ね、制服を自由化する。

「段階を踏みました。1986年の水着の自由化から始まり、1988年の生徒心得（校則）の改定を起点に、登校靴、通学カバンの自由化、服装・頭髪に関するさまざまな自由化、防寒着着用の自由化、名札の廃止、Tシャツ着用の自由化があり、それから制服の自由化の話し合いが始まりました。1991年11月のことです」

すごい！ と驚愕しながらも、ふと疑問に思った。次々進んだ大磯中学の自由化は果たしてみんなに受け入れられたのか？ 生徒や保護者、大賛成で大よろこびしたのか？実際に制服が自由化されたのは1993年1月だ。そこから1年後の大磯中学の広報誌

「こゆるぎ」に掲載された保護者による、「実際のところ良いか悪いか分からない」という声や、「振り子の様に好ましい時と、好ましくない時が交互に表れながら、子供自身が学んでいく時だと思う。長い目で子供を見ていきたいと思います」という声を、家に帰ってから読んだ。芦川先生が、当時の資料をドサッと渡してくれたんだ。

この、良いか悪いかわからないとか、振り子のように、というのに大いに頷く。制服自由化は望ましくもあり、そうでなくもある。その時のPTAへの調査では、自由化されて「よかった」が49・4%、「どちらとも言えない」が42・6%、「よくない」が7・9%だった。「どちらとも言えない」という人が「よかった」という人と拮抗している。どちらとも言えない、よくわからない、迷う、良かったと思ったり、良くなかったと思ったり。半々。

最初に大磯小PTAの笹田さんから、大磯中の制服の自由化のことを聞いた時は鼻息荒く「素晴らしい！」と思ったし、「制服を着ていない、みんなとは違う人を排斥する土壌を作っていたという気づきが生徒と教員の両方にあった」という考え方にはまったく賛同する。でも、生徒たちを指導する立場にいたお二人の先生たちの話を聞いて、自由化に至った過程こそが素晴らしいのでは？と思うようになった。生徒たちが話し合いを重ね、それぞれが考え、自分たちで決めた。そこにこそ価値があり、結果に対しては様々な思いがあっていいのではないか？って。芦川先生は言っている。

「学校の中の決まり事や服装は、自分たちが真剣に話し合って行動していけば変えられるということを子どもたちに伝えたいのが、私のいちばんの願いでした。生徒たちは高校へ進学してから、何かを変えようとして壁にぶつかったはずです。社会に出れば、なおさらだったでしょう。それでも、自分が動けば変えられる、そう思ってほしいんです」

これがゴールだ！　これが正解だ！というのはあるようでいてなくて、新たな問いは常に生まれるし、話し合いはいつまでも続き、みんなでそれを続けていく。本屋でたまたま手に取った冊子に、こんな言葉を見つけた。

「『正解のない問いを問い続ける力』こそが、子どもたちが一〇年後の社会で生きて働く力になる」（尾木直樹・木村泰子『「みんなの学校」から「みんなの社会へ」』岩波ブックレット）

ああ、子どもたちだけじゃなく、私もそうしていきたい。私の人生でこれからやりたいことってこういうことだ。たとえまた、一人であっちの方にとぼとぼ行ってしまうことがあったり、天の岩戸に閉じこもることがあったとしても（そんな時間があるんかいっ？）、私も正解のない問いを、問い続けたい。問う、ということは希望を抱くことじゃないか。何かを見つけようとしているのだから。前を向いている気がする。私は、問い続けたい。

大磯中も同じように問い続けた。制服の自由化で、「はい、終わり」じゃない。芦川先生は「その後は生徒の力で創る文化祭に力を入れました」と言っていた。

そして、最後にまた「世の中は、自分で考えて動いていけば、変えられるんだって気持ちを持ってほしいと本当に願い続けています。私たちはただ、種を蒔くしかなかった。その芽が出るのは5年後、10年後かもしれないし、出ないかもしれない。けれど、蒔き続けるしかないという気持ちでやっていました」と切実な声で言う。今の教育には、危機感を抱いていることも言っていた。芦川先生もすでに退職している。

それで私は「どうして20年も議会がパリテなのか?を探ろうと大磯町議会を傍聴し、議員さんと話し、町のみなさんにこうして話を聞き続けてきましたが、その種から芽が出て育っていると感じています。先生たちが育てた『よく話し合い、自分で考え、動けば変えられること、人は一人ひとり違うこと、自分を大切にし、他人を大切する』、そういうことが大磯の町にも、議会にも、芽が出て育っています」と先生に言った。本当にそう思っている。私自身が誰よりも大磯に通って、そういうことを学んだからだ。種を蒔き続けた大磯中の先生たち、本当にありがとうございます。

パリテの真相は……?

さて、2022年も終わるころ、「最初に会うべき人」である〈カフェぶらっと〉の新倉さんにやっと会えた私だけど、まだ納得していなかった。1980年ごろに主婦たちが生活クラブを拠点に消費者運動を始め、そこへ大磯の環境を壊す大問題が二つ同時に起こって反対運動が始まり、運動の中から町長が誕生した。「大磯のことは大磯が決める！」と奮闘し、カフェを拠点におしゃべりする文化が育った。でも、もっと何かあるんじゃや？主婦たちの運動が激しく燃えたのは90年代最初でしょう？　なんで2003年にパリテが成立したの？　なんで20年も続いてきた？　その答えの芯が見つかっていない。

それで、もう一度手元にある資料をあれこれ読み返していたら「あれ？」と思った。1982年2月に山本昌子と浅輪いつ子が〈大磯消費者の会〉を設立したと書いてある。「スタート時の会員数は三二人で、会員の多くは三十代で子育てをしており、子どもに安全な食料をという気持ちで参加していた。パートで働いているものが三分の一ほど、多くは専業主婦であった」（『大磯町史7　通史編　近現代』大磯町）

うぉー、また主婦のみなさんが⁉　しかし、これ、なんだっけ？　生活クラブとは違うの？　気になって消費者運動をしてきた、田中洋子さんに尋ねてみた。すると「生活クラブとは別の団体なんですけど、私より話すべき人がいるので、紹介します」と連絡をとってくれた。

そして、「話すべき人」である小野一恵さんとはすぐにつながり、私が知りたかった答えをあんがいあっさり教えてくれた。

「私たちの〈大磯消費者の会〉は結成から40年になります。最初は会員が家族の健康を考え、安全な食べ物の共同購入を始め、どういうものを子どもたちに食べさせたいか？　勉強会を始めたんです。そうしたら神奈川県の消費者の会から連絡があり、『大磯も仲間に入りませんか？』と誘われて参加しました。そこから大磯以外のことにも視野が広がり、最初の10年ぐらいはひたすら勉強をしたんですね。大磯の自然環境を守るために身近なことを一つひとつ調べ、徐々に『これは行政にお願いしたら変えてくれるのかしら？』と追求していくようになったんです。だんだんと自分たちの考えていることを議会へ持っていって、少しでも住みよい町を作っていけたらいいと考えるようになり、女性議員を出す活動を積極的にするようになりました」

ああ、そうだったんですね！　大磯で女性たちが議員になって、パリテ議会が誕生し、それが続いてきたのは、みなさんの40年に渡る地道な活動が縁の下でずっと支えてきたんですね。やっとわかりました。ありがとうございます――ずっと回り道をして、大磯を歩き続けた。あちらへこちらへ。だいぶ時間がかかったけど、なんとか一つの答えにたどり着いた。もちろん、これだけではない。でも、その答えはあまりにあたりまえ。女性たちがひたすら学び続け、声を届けた。

そのコツコツした営みは、いちばん最初に二宮加寿子議員が私に言ってくれた「議員はみんな自然体で、気負わず真正面から真剣にやる。それの積み重ねの結果だと思う」という言葉そのままだ。二宮議員はその言葉通り、いつも一般質問に立っていた。「必ず質問するんですか？」と尋ねると、「はい、当選して1回目の本会議からわからないなりに自分で考えて、毎回質問するようにしています」と話していた。その内容は「女性の災害ボランティアはあまり知られてなくて、数が少ないので増やしていきたい」など、町を二分するような派手な議題などではないけれど、女性の生活に直結していることが多い。そういう風に、大磯町のパリテは育ってきた。市民側も同じで、ひたすらの積み重ねだ。

そして、〈大磯消費者の会〉の小野一恵さんが続ける。

「私たちの勉強会に参加するのは全員が女性でした。午前中にやっていましたから、主婦じゃないと難しかったというのがあります。町の問題点を消費者の目で見て町に伝えるために、自分たちで必ず調べて提言していく。最初の10年は町側も『好き勝手なこと言ってる』ぐらいな感じだったんです。でも30年前に昭和電工の問題が起こって、町長が変わり、耳を傾けてくれるようになりました。私たち〈大磯消費者の会〉が調べてきたことをより深めて提言できるよう行政と意見交換し、大磯の暮らしを考える関係が築け、人手が足りないときには町に代わって私たちが調査をしたり町との関係ができて、補助金も出るようになり、町民を巻き込んでいろいろな活動をやるようになりました」

大磯町には以前は下水道がなかったので河川の問題を、さらにはゴミの分別の問題、給食の残飯をたい肥化すること、古着のリサイクルなど。これらをやっている自治体を実際に視察し、町に提言してきた。ゴミの分別は昔、その分野では先進的だった私の故郷の静岡県沼津市に視察に行ったと聞いて「そういえば子どものころ、ゴミの分別が面倒でたまらなかったなぁ」と思い出した。そして小野さんは続ける。

「住む環境を良くするには私たちの調査を基に、議員さんたちが発信してくれないと変わりません。議会とのつながりは大切なことです」

1987年に、大磯町議会選挙に立候補した女性5人が全員当選し、当時の神奈川新聞が「女性パワー爆発 全員当選」と伝えたことは前述した。この選挙も〈大磯消費者の会〉が後押しをしていた。様々な選挙の後ろに、この会の存在があった。ずっと続けてきた。「続ける」って一口に言うけど、本当にたいへんで、とても大切なのは言うまでもない。

ちょっとまた話が横道にそれてしまうけど、私が「ひとり街宣」に参加した東京・杉並区の区長選挙でも、自分たちが推薦する区長を送り出そうと、60年以上前から大磯と同じように女性たちが学びと運動を続けてきたことも伝えたい。

区長選挙が終わった後、私は杉並区で長く市民運動の中心を担ってきた女性二人、東本久子さんと小関啓子さんに会った。その時小関さんが言った「こうして岸本聡子さんが当選して区長になったんだから、私はもう何でもするわ。亡くなった人たちのことを思うと涙が出る」という言葉を聞いて、ものすごくハッとさせられた。そうか、亡くなった人もいるんだよねって。自分たちの声を届けようと立ち上がった最初の人がいて、その人の遺志を受け継ぐ人がいて、さらにまた新しく頑張る人たちがいる。辛抱強く、あきらめず、続けてきた。

東本さんからは、「私が市民運動を始めたのは50歳の時よ」と言われて驚いた。そうか、市民運動もまた何歳から始めてもいい。「何も知らないから、近隣の図書館に通っては本を次々読んでね」と聞いて、学びの大切さを改めて思った。それもまたコツコツとした積み重ねだ。

「私も頑張ります」、そう東本さんに言うと「和田さんは何歳?」と尋ねられた。「私は57歳」と答えると、「あなた、すごい頑張ってる。えらいよ」と励ましを言ってくれた。「えっ〜マジですかぁ?」とまた軽い返答をして、そして、とても嬉しかった。

以前は「私はみんなの不安の代表」と思ってたけど、今は「不安を叫ぶみんなの声の代表」になりたいなぁ。間違えていても言い淀んでも、怒ったりふざけたりしながら、町の中で一人の市民として声をあげ続ける、その中でも私はひときわ大きな声で叫んでいる、うっさい人になりたいんだ。

そして、大磯には40年前から続いてきた〈大磯消費者の会〉がある。初代会長の女性が亡くなった後、小野さんは30年間会長だったものの、2023年4月にとうとう閉会した。「もったいないです〜」と私が無責任に言うと、「私たちもみんな後期高齢者。活動が難しくなりましたので」という。年齢を重ねると、止めるという選択をする時が来る。〈カフェぶらっと〉に続き、こちらも終わり、大磯のパリテ議会を支えてきたものが二つ、なくなってしまった。残念だけど、きっとまた新しい波は起こるはずだ。

2003年、日本初のパリテ達成

それでは、パリテがついに成立した2003年からの大磯町議会のことを話そう。

2003年6月29日に大磯町で行われた町議会選挙には、定数18に対して、23人（女性11人、男性12人）が立候補した。女性は11人中5人が新人で、その全員が当選、そして現職4人の女性も当選した（計9人）。当選した男性9人も3人が新人で、世代交代の選挙でもあった。

地方議会で女性が半数を占めたのはこれが本当に、全国初だった。国会では同数になったことは一度もないのだから、すべての日本の議会で初めて男女同数、パリテが実現した瞬間だ。書いていて、胸が熱くなる。ドラえもんがいたら引き出しに飛び込んで、タイムマシンでその瞬間の大磯町に行き、歌ったり踊ったり大喜びしたい。

翌日の神奈川新聞では一面に「女性比率全国1位」「大磯町議会で半数9人」という記事が出た。でも、でも、記事本文は「女性を議会にという動きが全町的に広がっていたわけではなく、女性票の〝食い合い〟を懸念する声も聞かれたが、女性有権者の投票率は59・88%と男性を5ポイント上回り、女性候補の得票に結びついたとみられる」と、男女同数の議会が初めて生まれたことへの分析はあれど、喜びはあまり感じられない。この時は投票率が大磯町では過去最低の57・25%で、そんな中で女性の投票率が男性より多くなっただけであり、パリテ実現のキーは「いかに女性の投票率を上げるか」にあると書いていた。まぁ、それはそうだけど。

しかも翌日の同紙は「問われる政策実行力」とする、女性議員が半数になったことに対して、どこか懐疑的で冷めた論調記事を載せている。当選した議員たちの言葉として「性別ではなく、政策の立案と実行力こそ重要。選挙を頑張った人が当選しただけ」（坂田よう子さん／当時2期目）と話しているものや、この時4期目だった清水弘子さんの発言も「4年前に当時の女性議員6人でまとまろうとしたが、半年で崩れた」と振り返り、女性議員の連帯には期待していないと話すものだ。記事では取ってつけたように「女性が頑張っているまちは元気がある。これを活性化につなげたいという気持ちは共通する」とも書いているが、わざとネガティブな言葉ばかり切り抜いているようで、なんだかなぁ～である。思うにメディアはこのころまだ「男女同数のパリテ議会」であることに意義を感じていなかったのではないだろうか。それどころか、ついつい本音が漏れ出てしまい、「女に何ができるんだ？」という論調になってしまったと推測する。なめんなよー！

ちなみに神奈川新聞は２０２３年、「明日の50　#かながわの女性と政治」と題した特集連載をやっていた。20年で、メディアの意識もずいぶん変わった。この間ずっと「女性を議会に！」と活動されてきた方々のご苦労がしのばれるというものだ。

変化も早いパリテの議会

大磯町議会そのものは、パリテ成立のタイミングでグングンと変わっていく。パリテが成立したのと同時に新人議員が8人に増えて、「自分たちが活動しやすく、町民にわかりやすい議会にしたいという機運があった」（渡辺順子「男女同数議会誕生に立ち会って　これまでの議員生活を振り返る」『月刊　地方議会人』22年7月号）という。そして、「議会改革」を大胆に推し進めていく。

議会改革とは何ぞや？　そう言われたら、「まずは『議会改革』と、ググってみてくれ！」と答えたい。だって日本全国の自治体がこぞって議会改革のウェブページを作っているのだもん。それだけ議会改革は地方議会にとって命！だ。第二章、第三章で、いかに大磯町議会が自由闊達に議論し、その議論こそ民主主義の現れであるかを書いた。男女同数いるから自然とそうなる部分もあるが、実は議会改革を進めたからこその賜物でもある。

前述したようにパリテ議会が成立して清水弘子さんが議長に選ばれ、「議会を〝ガラス張り〟にしていこうと、ケーブルテレビでの中継を始めました。いい面も悪い面もあるかもしれないけど、基本的に公開していこうってしたんです。反対されなかったか？　反対もありましたが、進取の気性に富んだ方が多くて、その点での苦労はあまり感じませんでした」と変わっていく。

さらに「議案に対する議員ひとりひとりの賛否の結果」が大磯町議会のホームページや、「議会だより」に掲載されるようになる。町が提案した予算案など詳細を話し合い、最終的に可決、否決するのが議会だが、誰がどの議案に「賛成／反対」したか一つずつわかるようになっている。これは２００５年に始まったそうで、大磯町は全国でもかなり早く取り入れている。「そんなこと、大したものなの？」と思われるかもしれない。でも、私がＹｏｕＴｕｂｅでとある市議会議員さんが演説するのを見ていたら、その議会ではこの「ひとりひとりの賛否の結果」を「議会だより」に載せるか載せないかを「もう６年も話し合ってます」と言っていて、驚いた。そういうことなのだ。

大磯町議会はパリテが進み、同時に新人議員が増えて新陳代謝も促進されたことで、議会改革がスピーディーに行われた。情報公開！を何より大事にした。住民自治は地方自治の一翼を担う大切なものだが、住民が自分たち地域の問題を自ら考えるためには「議会がどんなことをどんな風に話し合ってるか？」の情報が見えることが必須だ。住民参加を進めるためには、何より情報公開！　大磯町では本会議をケーブルテレビで放映し、本会議と委員会をＤＶＤにして貸し出しもしていて、すべての委員会を含む議事録を公開する。さらには一般質問を一問一答方式にして、より議論が活発になるようにしたり、２００９年には議会基本条例を施行して、町民が自由に参加できる議会報告会を実施している。何度も言うが、こういうことがぜんぜん行われていない議会が日本全国にはいっぱいある。私が住む東京・中野区でもあまり行われていない。

とはいえ、うまくいくことばかりではない。

3人目の女性議長だった百瀬恵美子さんの時には（2007〜2009年）、女性議員が8人、男性議員6人と女性の方が多く、副議長が渡辺順子さん、監査役が清水弘子さんで、議会の重要な三役がみんな女性だった。圧倒的に女性が議会の主流を占めていたのだから、すごい。なのに、「女性が全員まとまることはできなかった」という。

「女性議員だからこそできる、そういうものがあるんじゃない？とみんなで考えて提案していこうと話をしてみたんですけど、煮詰められず進められませんでした。たとえば健康ひとつとっても男性優位で、もっと女性が健康に生きられる社会にしたい、子どもの権利や将来に対する意識が守られるような、そういう条例ができたらいいなと思ったのですが、女性たちの間でなかなか理解されなかったんです」と、百瀬さんが話してくれた。

それは女性の生理の問題や、産む産まないなどの権利でしょうか？　今なら可能になる条例ですね？と重ねて尋ねたら、「当時はまだ難しかったし、みなさんを説得するには私の勉強が足りなかったと思います。みなさんそれぞれにやりたいことがあり、思いが違いますから」と言う。ああ、まだ機が熟していなかったのか。リプロダクティヴ・ヘルス／ライツを軸にした女性の権利条例がこの時成立していたら、女性たちを励ましたし、パリテそのものにも、もっと注目が集まったかもしれない。改めて政治の意見をひとつにまとめるのは難しいと知る。そしてたとえ女性同士であっても女性のための権利について考え方を同じくするのは難しいと、こういう話に実感する。

それでも百瀬さんは「大磯町は女性が意見を言える町なんだと、だんだんと気づきました」と当時抱いた実感を話してくれた。ああ、なんて素敵なだろう。「女性が意見を言える町」って。口にするだけで、あたりまえのことなのにじーんとする。私たちは、どれだけ口をつぐんできたろうか。そしていまだに、何か言うと口をつぐまされる。でも、私たちは自分の思うことを、思うまま声にしていいんだよね。


そして百瀬さんに続いて、女性の議長が次々に誕生する。渡辺順子議員（2011～2013年）、前述した奥津勝子議員（2013～2015年）と続いて、竹内恵美子議員（2021～2023年7月）に至る。

80年代に研究所建設に反対する市民運動をしていた渡辺議員は、生活クラブの活動をしてきた田中洋子さんと一緒に、〈大磯町環境基本条例策定研究会〉にも在籍していた。議員になる前は「主婦だったんです、仕事はぜんぜんしていませんでした。大磯では当時、そういう風にふつうの主婦が運動をしたり、議員になっていったんですよね」と話していて、うん、うん、そうですね、みんな主婦だったんですよねと頷いた。当時の雰囲気を渡辺さんが「すごいエネルギーでした。みんな積極的で、どんどん活動されていくんですよ」

と言うから、その様が目に浮かんで、こちらまでワクワクした。

渡辺議員が議長になった時はちょうど、「東日本大震災」の直後。「原発事故で放射能の影響への不安が高まっていて、女性議員6名が『新しい日本のエネルギー政策を早期に求める意見書』を作って提出しました」という。また、これを機に自然エネルギーについて学ぶ勉強会も重ね、2014年に〈総務建設常任委員会〉で「大磯町省エネルギー及び再生可能エネルギー利用の推進に関する条例」を提案して、全会一致で可決したんだそう。女性議員たちの危機感から意見書が提出され、それが条例にまで育った好例だ。

その後に議長となった竹内恵美子議員は「女性だから細やかな視点を持つとか、男性だから大きな視野で見るとか、固定観念で議論しません。それぞれ個人の多様な視点で議論を深めていきます」と話してくれ、とても頷かされた。「男だから女だからというのは違うでしょう？　そういうの大磯町はないのよ。1期生でも自由にものを言う。議員になればみんな一緒。それぞれが町民に選ばれた人だからお互いに尊重しあっていけばいいんではないでしょうか」って、本当にそうだ。

しかしフェアな運営の大磯町議会でも一度、男性議員が腹を立てて議長席に座る竹内さんに食ってかかるのを見た。そういう時も竹内議長は落ち着いた声で「なんですか？」と尋ね、「話をまず聞く姿勢が大事だ」と言う。そして石川則男議員が腹を立てている男性議員に「まあまあ、それは後でまた議会運営委員会で話しましょう」となだめてすぐに間に割って入っていた。議会にはいろんなことが起こるけれど、それを収めていく人がいるかいないかが大事だ。

異例の決議案「安倍首相は猛省を」

大磯町議会は、自治体の公益に関する事柄について国会などに物申すための「意見書」や「決議案」をまた、実に数多く出す。中でも全国的に話題になったのは、2019年10月に出された「内閣総理大臣安倍晋三衆議院議員に猛省を求める決議」だ。学校法人森友学園を巡る背任容疑や、国有地取引に関する決裁文書の改ざんなどを不起訴にしたのは、「安倍総理への忖度に感じられるのは私たちだけではない」と、怒りをもって猛省を求めた。地方議会が時の総理大臣にこうした決議を出すのは極めて異例なことで、これに自民党、公明党の議員たちが賛成していたことも話題になった。

この時の議長は現在（2023年）も在籍する高橋英俊議員。「私は自民党員です」と言いながら「あの決議案は柴崎茂議員が先頭を切って『これは許せない』とやりました。権力がこんなことをしてはいけないと、自民党も公明党もみんな賛成したんです」と言う。

こういうところが大磯町議会の公正さだと思う。大磯町議会がパリテとなって20年を経る中で、徐々に多様性を受け入れ、イデオロギーの違いも乗り越え、そして正義を訴える。政治家が正義を訴えないで、誰が訴えるというのだろう。これはパリテ議会のもたらした、一つの成果に私には思える。

さらに高橋議員が議長になった時には（2019年）、共産党である鈴木京子議員が副議長になっている。議会運営委員会の委員長には、元議長で、市民運動派である渡辺順子議員が選ばれた。

「他の議会だったら『なんで自民党が共産党を副議長にしてんだ？』と言われるかもしれません。でも我々（自民党）の仲間は、大磯町議会には4人しかいません。4人で密約してやっていたら、議会は回りません。だから共産党である鈴木京子さんとも、市民派の渡辺さんとも話をして、『じゃ、渡辺さんまとめてよ』『鈴木さん、頼むね』と話し合います。これが大磯町議会の特色で、他の議会とは違うところです。多数派を工作しようとする、自民党会派でまとめようとする、保守系でまとめようとする。『それって違うんじゃない？』と思います。みながちゃんと話し合って、修正しながら合意していくことが大事です。私は『多様性』を考えると、今の大磯町議会は、理想に近いって言ったら大げさですけど、いや、大げさですよ、でも、そう思うんです」

高橋議員からこの言葉を聞けて、本当に良かった。パリテ議会が成立した理由を知りたいと大磯を歩いていたけれど、パリテ達成のその先にあることは？　それはもっと大事であり、この言葉こそ、その先にあることだと思った。

高橋議員は父親を早くに亡くし、家業の電気設備会社を引き継いだ。聞けば危険も伴うその仕事をこなしながら、父親が家業と並行してやっていた町議会議員の仕事を自分もやると決めたそうだ。地区の代表だった父親の地盤を受け継いで、「私は中小企業の人間ですから」と財政の健全化に厳しい目を向ける。

ちなみに、副議長になったことについて鈴木京子議員に尋ねると、「大磯町議会は元々、会派がなくて、線引きがあるようで、ないんです」という。ビックリはしませんでしたか？と聞くと「びっくりしましたよ」と笑って言う。そりゃ、そうだ。

「会派がないからみんな一匹狼だし、質問も一匹狼でしまくる。賛成なのか、反対なのかも、最後までわからない。そんな議会はめったにないと思いますが、大磯はそうなんです。しかも、それだけでは終わらない。議会は町のチェック役ですが、その様子をまた町民がケーブルテレビなどで見ていて『あれは、なんでそうしたんだよ？』とかどんどん言ってくる。議会のチェック役を町民が果たしているんです」

す、す、すごい。

「すごいですか？　だって、どうしたって税金はなくならないでしょう？　それなら、その使い方を決める議会を町民がちゃんと見て、参加する。それは当然なことですよね。そのために私たち議会は議会基本条例を作り、自治基本条例も町と作りました」

どんどんやるんですね？

「そうですね。議会基本条例も自治基本条例もできた当時はトレンドな感じだったんですよ、地方議会での。そういうのに乗っかる議会と、面倒だからやらない議会があるんですが、大磯町は基本的に前のめりな議会だから、『じゃあ、やりたいね』って作りました」

なるほど面白いなぁ、大磯町議会。〝精神的な遺伝子〟と最初に話してくれた石川則男議員が「大磯の男女同数議会はいいことだと思います。多様な視点はあるべきで、男性が一人多いとか、女性が一人多いとか、それぐらいにこれからも、ほぼ同数でやっていくのが自然なことだと思います」と言っていた。私もそうあってほしいと願う。

これがパリテな議会のありようだ。パリテが20年続いた議会は、こうなっていく。もちろん、完璧ではない。町の人から多々不満の声も聞いている。完璧な人はいないように、完璧な議会もない。それは私が最初に、鈴木京子議員から言われた言葉だ。それでも2003年にパリテが成立してから、大磯町議会はこんな風に変わってきた。

おわりに、のその前に――
遅れてやってきたフェミニズム

この本を書き始めた2022年夏に57歳となった私はさらに暑い2023年夏、よもや58歳になった。これを諸行無常と言うのだろうか。私は日一日と老いているのだ、着々と。「これから先の暮らしを考えていくことにしよう」と最初に書いたけれど、既に「これから」に入っているのかもしれない。これからがいつからなのか？　わからなくなっている。

それでも、これからを考えるにはこれまでを振り返ることが、実はいちばん大事なんだと気がつくことができた。

私はこれまで今日を生きることに必死すぎて、昨日も明日も考えることができなかった。昨日何食べたっけ？　問われてすぐ出てこないのは今や仕方ないとしても、昨日、一昨日、1ヶ月前、1年前、10年前、自分のやってきたことをゆっくり思い出し、それを一つひとつ見つめ、噛みしめることができないまま生きてきた。今日という苦しみの中で、1年前も10年前もまるで一つの泥団子のような塊のイメージで捉えては、それは汚れている、形がいびつと見て、「私はダメだ」と丸っとダメ出しをしていた。しかもダメ出しをする私の目は「女性が輝けば、世界は輝く」とばかりに歪んでいた。

自分のこれまでを振り返る時、この本に何度となく書いてきた湯川れい子さんという存在は欠かせないと思う。すでに出会ってから37年になる。ほとんどの友達よりも付かず離れず長く知り、物を書くという同じ仕事をしている。

最初に会った時、私は20歳で、湯川さんは四十代の後半、私の母より3つ年上だ。ここ1~2年、私はインタビューを受けるということが増えたが、そんな時にふと自分の手の動きが見えたり、自分の振る舞いに気づくと、かつて机の向こうから見ていた湯川さんがインタビューに受け答えしていた姿にすごく似ていて、自分でビックリすることがある。ああ、きっとそうなんだ。私は湯川さんが拓いた道を迷ったり、横道にそれたり、踏みかためたりしてずっとうしろを歩いてきた。湯川さんが最初にその道を歩いたころはゴロゴロと大きな岩だらけ。「家父長制」「女らしさ」「女はだまってろ」「女のくせに」「女性の視点で」。もっと想像もつかない岩が、行く手を阻んだだろう。湯川さんは女性が自分の選んだ好きな道を、自分の力で生きるパイオニアの一人だ。

出会いはラジオ番組だった。当時、湯川さんがディスクジョッキーを務めていた「全米トップ40」に私が毎週ハガキを送っていたことが縁で、というのは最初にも書いた。高校1年生の終わりごろから私がイチ推ししていたリック・スプリングフィールドというアメリカのアイドルがいて、彼への思いを毎週したためては番組に送っていた。毎週、毎週、1年、2年、3年、ヤバいでしょう？ってぐらいにしつこい私を湯川さんは「熱心な子」と見て、ある日手紙をくれた。その少し前に「就職試験にぜんぶ落ちてしまいました」とハガキの片隅にひとこと書いていたら、「私の事務所でアルバイトしませんか？」と誘ってくれたんだ。就職試験のみならず、始めたばかりのバイトを「あなたには無理そうね」とクビになった矢先のことだった。今も覚えている、乃木坂にあったフレンチレストランだ。なぜ君はそんなところで働こうとするのか？　背伸びしたい年ごろだった。

20歳にして私は未来が見えず、「田舎に帰ろうか？」と仕方なく考え始めていたタイミングで手紙が届いて、そのころに住んでいた風呂無しで陽の当らない家賃2万5000円の6畳一間で飛び跳ねて喜び、それから湯川さんに電話をした。ラジオと同じ声で「とにかく、うちに一度来てみて」と言われた数日後に、東京・四谷にあった湯川さんの自宅兼事務所を訪ねた。

JR四ツ谷駅を降りて学習院初等科の脇にある公園を通り抜け、細い路地を行ってたどり着く。今にして思えば湯川さんには会ったこともないのに無鉄砲に意気揚々、20歳の私はただただ無邪気だった。衆議院議員の小川淳也さんと本を作った時に「よくぞ国会議員と本を作ろうなんて思ったね？」と驚かれたが、20歳の私も飛ぶ鳥を落とす勢いだった湯川さんのアシスタントになって働こうとしたのだから、度胸みたいなものは最初から持っていたのかもしれない。恐れを知らぬ子！　そして湯川さんと小川さんとの出会いがそれぞれ、私の人生を大きく変えた。お二人には感謝してもしきれないと思っている。

しかし、無邪気な度胸は瞬く間に打ち砕かれた。面接やら試験やらというものは一切なくてそのまま働き始めた初日、「あなたは何もできないだろうから、ここで秘書の仕事を覚えなさい」と湯川さんに言われた。えっ？と思った。音楽雑誌「ＭＵＳＩＣ ＬＩＦＥ」を愛読していて、既にコツコツとビデオを見ては短い紹介文を書いていた私は音楽ライターになりたかった。その第一歩としてそこで働き始めようと思ったのに、秘書の仕事を覚えろ？　秘書になんてなりたくないのに湯川さんって意地悪だ、人の気持ちがわからないって腹を立てた。ここでもう一度、ドラえもんと机の引き出しに入ってタイムマシンに乗ろう。そして、自分をスリッパでスパーンッとはたきたい。

それでも私は働いた。最初は何ひとつできず、英語で電話がかかってくれば原稿をガシガシ書いている湯川さんに「先生、英語です、この人！」と叫んで無理やり受話器を渡した。何やらしゃべった後に「ただの営業電話だったわ。和田は英語の勉強をしているんじゃないの？」と言われた。当時私はまだ専門学校に通う学生で、確かにそこで私は英語の勉強をしていた。「すみません」とうつむいて、湯川さんが買い物をしたレシートをノートにノリで貼る、という単純作業をせっせとやった。

事務所兼自宅には取材に来る人だけじゃなく、いろんな人が日々訪ねて来ては、「湯川さん、湯川さん」とワッサワサはやし立てるようだった。へ〜とかハ〜とか大仰に驚いて、はしゃいだ声で笑い、喜ぶ。なんだろう、この人たちは？　おべっかばかり言ってて気持ち悪いと、お茶を出しながら私は冷めた目で見ていた。自分があまりに子どもじみていて、恥ずかしい。湯川さんへも、あらぬ刃を向けるようになったのは最初に書いた。

思い出せば私に洋服を買ってくれたり、外にご飯に連れて行ってくれたり、湯川さんは母親のように接してくれていた。なんで私みたいな何もわからない、しかも小憎らしくて斜に構えた子どもを秘書に雇っていたのか？　湯川さん自身、十代、二十代のころに女優になりたい、あれがしたい、これがしたい、夢は多々あれどどうしたらいいのかわからず、ひたすら新聞の求人欄を眺めては悶々としていたことはだいぶ後になって知った。だから夢を見ている音楽好きの女の子たちを拾い上げては事務所に呼んで、ライターにしたり、ラジオ局で働かせたり、編集者にしたり。私もそういう一人だった。

ある日、渋谷へコンサートを見に行った帰り、ご飯を食べながら湯川さんが言った。

「和田は自分の思うままに生きていて、うらやましい。私は自分が正しいことをしていると思われたいからたいへんなのよ」

何でそんな話になったのかはまるで覚えてないけど、そう言われたことは今もはっきり覚えている。ご飯を食べている気楽さで、ついこぼれ出た言葉だったのか。それとも私の態度にたまりかねた皮肉だったのか。その意図はわからない。言われたその時は「れい子先生が私のことをうらやましいなんて、びっくりー!」と思って不思議だった。

それから30年が経った。この本の取材を始めた2022年春、私は闇雲に「パリテ議会を見たい! 謎を解き明かしたい!」と鼻息を荒くしていた。フリーランスでひとり暮らす女性である私の生活は相変わらず先行きが見通せず、政治を変えたい、変えなっきゃ!と思った。政治を自分ごととしてガッチリ取り組んでくれる女性議員をどうしても増やしたい、そう願っていた。

なのに編集担当である左右社の神山樹乃さんに「パリテを書くなら和田さん自身とフェミニズムのことも考えてほしい」と言われた時、正直ピンとこなかった。私がフェミニズムを知ったのはついこないだのこと。自分の生きづらさがフェミニズムと太くつながっているということが、よく理解できていない。あろうことか「あんまりフェミニズムって全面に出さない方がいいんじゃない？」なんて否定し、パリテってものがそれだけで宙に浮かんでいるように捉えていた。

個人的なことは政治的なこと――その逆も然りなのだとしたら、政治的なことはまた個人的なことでもある。字面としては知っているのに、上すべりしていて考えてることはその正反対。パリテという女性の政治参画のカタチを、女性である自分の個人的な経験に引き寄せようとしていなかった。

そこから私は苦しんだ。取材をしてもしても、何やら雲を摑んでいるようで実感が得られない。途中で天の岩戸に引っ込んだのも、実はそんなこともあったからだったかもしれない。一通り取材を終え、いざ原稿を書き始めると、今度は書いても書いても自分がいちばんつまらない。なんだこれ？

悪戦苦闘して、にっちもさっちもいかなくなった時に編集の神山さんが電話をかけてきて「和田さんは生活のこともあってたいへんだと思いますが、イチから書き直しませんか？」と言ってくれ、私はそこで立ち止まった。そして自分のこれまでを振り返り、私の人生で初めてゆっくり自分がやってきたいろんなことを思い出していった。『時給はいつも最低賃金～』という本を出してからのことや、湯川さんと働いていたころのことをたくさん思い出した。大磯で鈴野さんやよりちゃん、天野っちや英美ちゃんらと話したことや体験したこと、考えたこともA４の紙に次々書き出した。それらを女性の問題としてフェミニズムの視点で改めて見つめ直していくと、「ああ、そうだったのか」と一つの流れのようにつながり、初めて理解することができた。

渋谷で湯川さんが私に「うらやましい」と言ったこと。時代の先頭を走っていた湯川さんが思うままに生きられなかったのは、「良き妻、良き母、良き働き手」という女性の理想像に沿おうとして圧し潰されそうになっていたからではないか。一方で私は思うままに生きてると言われながら、その思うままの生き方が「良き妻、良き母、良き働き手」からは大きくズレていることに実は誰より負い目を感じていた。私と湯川さんは表裏一体。この日本社会でずっと女性が背負わされている「重し」に疲れてきた。でも、圧し潰されそうになり、負い目を感じたりしながらも、私も湯川さんも日々の暮らしをそれぞれ楽しんできたのも事実だ。たとえ貧しく収支はたいへんであっても、私は私らしく生きてきたんだし。でも、それを肯定することさえ私には難しかった。

私たち女性に重しを背負わせる生き方が強いられてきたのは、日本がずっと男性を中心とした社会であるからだ。その社会は、もちろん男性中心の政治が作ってきた。みんなが苦しくてヘトヘトだ。それを変えるために、女性の政治家が大勢いてほしい。男女同数議会が国会はもちろん、もっと、もっと、日本中にあるべきなんだ。もう、次の時代の女性に、重しを渡したくはない。

私はやっと、〈ギャラリーｕｍｉｎｃｅｃｏ〉の鈴野さんが言った「やれることはやってきたと思います」という言葉を、これまでを見つめ直しながら書いていくことで少しずつ言えるようになった。そうなんだ、女性にいちばん大事なのは自分に自信を持つことだ。今、やっと言える。ずっと言えず、ずっと苦しんできて、今だって正直なところ胸をそらし、首をクッとあげて一生懸命に言ってはいるけれど、それでも言えるようになった。「自信満々、偉そうやな？」と茶々を入れられたら、「自信というのは、私は生きていいんだという思いです」と答えたい。

大磯では自分に自信を持って、私はできる！と思って動く女性たちの話を聞いてきた。だけど、その「自信」を私は表面上でしか捉えられていなかった。19歳から「ＭＵＳＩＣ ＬＩＦＥ」で原稿を書き始めた私は、長くライターをして多くの人の話を聞いてきた。「ああ、そうですよね〜」と頷いて、さら問いすることはいくらでもできる。でも、彼女たちの「自信」の言葉尻だけ捉えるんじゃなく、私の腹の底に落とし込んで「ああ、そうだ」となかなか実感できなかったから、それを自分の言葉にして書くことが難しかった。自分のこれまでを思い出して一つずつ見直し、「よぉ〜しよぉ〜し」とムツゴロウさんになって撫でさすって肯定しながら書いていく作業が必要だった。「やれることはやってきたと思います」――私もそう言えて初めてみんなの言葉を、私の言葉にできた。すっごい時間がかかった。けど、必要な時間だった。

今、私はパリテという女性の政治参画とガッチリ握手している気分だ。パリテを実現させるには、女性が自信を持つことがいちばん大事だと実感する。生きよう、私たち！　また、女性が自信を持って生きていく社会で、これまでのように妬み阻み、輝け！とか的外れに背中をバンバン叩いてくる人たちがいなければ、パリテは成立していくだろう。私や湯川さん、大磯の女性たちみんなが生きてきた道、そしてパリテは一つにつながっている。私たちは、共にある。

さて、いちばん最初に戻りたい。「これから先の暮らしを考えていくことにしよう」と考えて、どこかショボーンとしていた私。身体より心が先に老いていこうとしていた。そりゃ、前より疲れるし、あちこち痛くなってトクホンも貼るさぁ。今もヤカンで沸かしたお湯を、マグカップでゴクゴク飲んでいる。年を取るってこういうことだね。でも、今は思う。私はやれることはやってきたんだから、これからもやれることをやる。これからやることは、これまでやってきたことと同じだ。私よ、臆することなく前へ進め！　そう思って自分を激励する。

それで一つ、頭の片隅にぼんやり浮かんでいることがある。大磯を歩いていて「大磯には政治の本が並ぶような本屋がないよなぁ」と思っていた。もしや、〈パン屋の富田〉や〈ギャラリーｕｍｉｎｅｃｏ〉が並ぶ東海道線の線路沿いとか、いや、もっと山の方？　どこか古い空き家を借りて本屋をやれないだろうか？　新刊と古本、両方置いて、政治系の本は多め。「東京にはないけど、大磯のここに来ればある政治ゴリゴリの棚」とか作る。無鉄砲！　フェミニズムの本もあれこれ置いて、女性が集う場所にもしたい。本棚が並ぶ真ん中には椅子やテーブルを置いて、ああ、いいのよ、リサイクルの不揃いのやつで。大磯の家々から「余ってるものください」と集めたら、やだ、意外と凄いものが揃ったりして。取らぬ狸のなんとか？　ああ、でも、〈ギャラリーｕｍｉｎｅｃｏ〉で子どもたちにブックカバーを描いてもらったりしたら、ステキだなぁ。うっとり。

とはいえ、一人で店を開け続けるなんてたいへんだ。私は長くバイトで「毎日、店を開ける」苦労を見てきたから知っているし、これからさらに老いていくのだから。それに本屋さんの運営なんて、何も知らない。第一、お金はありません（笑）。でも、大磯なら「一緒にやりませんか？」と声をかけたらやる気のある女性が「私がやります！　本屋さんで働いていましたから」と手をすぐに挙げてくれそうだ。それをワーカーズコープにする。みんなで経営、みんなで働く方式の、新しい働き方だ。本を売って、学習室も作って、そこでおしゃべりや勉強会をする。

とかって、東京じゃ「どこにそんな物件が？」とはなっから無理だろうけど、大磯なら可能な気がするんだよなぁ。東京よりアパートや家を借りるのもだいぶお安い。ライターもしながら、そんなことができたなら？　一人で背負うのはたいへんだけど、みんなでやれば、できるかもしれない？　それが民主主義だ。私は民主主義をやりたい。「そこをパリテ発信の拠点にしちゃったりして！」とか想像すると、「キャッハー」とまた軽率に動き出したくなるが、しばらくはこの妄想を牛が反すうするようにモグモグしたい。

おわりに

終わろうと思ったのに、終われないことが起こった。実は、パリテが崩れた。ガーン。

大磯町議会は2022年11月末に女性議員が6名、男性議員が8名となった。町長選挙があって、そこに議会から石川則男議員と、玉虫志保実議員が立候補。二人は落選し、新しい町長が誕生した。町長選挙と同時に町議会議員の補欠選挙が行われて、男性二人が当選。結果、パリテではなくなった。

玉虫志保実・元議員は2022年夏に話をした時すでに、「私はまた町長選挙に出ます」と言っていた。前回の町長選挙にも出ていて、2回目の挑戦だとか。どうして町長選挙に出るんですか?と尋ねると、「大磯は女性の町長が今まで一人もいません。女性が活躍する議会と言われますが、議員ぐらいならやらせてやってもいいよ、と言われている気もします。女性に対する価値観が画一的で、議会に入ったばかりのころに『女性にだって専業主婦でいたい人もいる。いろんな選択があっていい』と発言したら、『みな、働きたいんだ。何を言っている』と反論されたことがあります。そういうのを変えたいんです」と話していた。

古い町で、実は保守的なところが見え隠れする大磯と何度か聞かされた。私がいちばん最初に大磯町議会を訪ねた時、二宮加寿子議員が「町長には過去、女性がいません。何にぶつかってそうなるのか考えるのも大切」だとアドバイスをくれた。パリテの町の底には、そういう部分があるのかもしれない。

さらに政治は動き続ける。議会の最年少で福祉文教常任委員長だった吉川諭議員が県議会議員選挙に挑戦することになり、2023年3月に辞職。これで議員数は「女性6男性7」になった。「吉川さん、今日で最後なんですか?」と傍聴に行って話しかけたら「明日から無職ですよ」と言っていた。しかし吉川さんは無事に当選。県議会議員になった。その選挙の様子をネットで見ていたら、子育て世代の女性たちがたくさん応援し、町を一緒に練り歩きしていた。吉川さんは当選後に「自分の町は自分で決める風土を信じ切った」と新聞で答えていて、もはや風土になっているのか!と興奮した。これまでパリテ議会を支えてきた〈カフェぶらっと〉や〈大磯消費者の会〉はなくなったけれど、次の世代が新たな運動を始め、風土は育っている。

町長選挙に敗れて肩書がなくなった石川則男元議員にも傍聴の際に会った。大磯町の予算案書に赤い線を引きまくっていたので「石川さん、はい!って手を挙げて質問したいでしょう?」と尋ねたら、「挙げたいですねぇ」と言っていた。最初に「女性が（議会に）

いるのはあたりまえ」と言った方だ。議会ではいつも「はい！」と手を挙げていちばん多く質問をしていた。それにしても予算案書って、4～5センチもあって分厚くてビックリした。まだまだ知らないことだらけだ、地方議会！

2021年春、「私はパリテを進めてほしいんです」と堂々胸を張って言ってから大磯町の男女同数議会を知り、2022年春から約1年間、闇雲に町に通った。私がやったことは傍聴に行き、トコトコ町を歩き回って、カフェでお茶を飲み、親切な人たちに会うべき人を紹介してもらっただけだ。本当にありがたい。その中から、大磯でパリテが生まれ育った過程が見えてきた。

始まりは戦後すぐのこと。女性がまだ働くことさえ難しかった時代にブルドーザーみたいに孤児支援を続けた女性がいて、世の中が女性に向けている視線に物申す社会学者もいた。1960年代に町へ意見のある主婦が声をあげて大磯初の女性議員となり、80年代には消費者運動が盛んになって、女性の議長が一早く誕生した。1990年代になると環境問題から新旧町民がまとまって大きな反対運動のうねりを起こし、運動の中から町長が誕生して、女性が次々と議員になっていく。やがて2003年、パリテが成立した。

支えたのは学び続ける女性たちと、学びの場となる公民館やカフェがあり、その根源には大磯の学校教育があった。移住してきた大人は大磯で教育を受けていないけど、子どもたちが学校へ通い、影響を受けた。友達になった天野っちもそんな一人だ。大磯中の文化祭で、生徒たちが大人みんなを締め出して『リンダリンダ』を熱唱するのが恒例なんだからと、見てないのに熱く語ってくれたのを覚えている。一方で、この地にずっと暮らしてきた女性たちの「抵抗」もあったのを最後のころに知った。

ああ、とても1年やそこいら町を歩いただけではわからない様々な要因があって、パリテが生まれ育った。でも、常に学びがあり、立ち上がり、声をあげ続けた人がいる。そして、ゴールは常に一歩先にある。ここじゃない。これだ！という正解もない。それでも歩みを止めず、より良い答えを求めて問いを続け、人も町も、議会も動き続けていく。

２０２３年6月25日、大磯町議会議員選挙が行われた。結果は、女性議員が7人、男性議員が7人となって、再びパリテが成立した。ヤッタア！　この本の中でお話を伺った何人かは議会を去り、また新しい人が加わった。「誰か議員にならないかな」と妄想していたPTAから、会長だった亀倉弘美さんがその「新しい」一人となったのは、驚きだった。そして、玉虫議員と石川議員も戻ってきた。

でも、これで終わりじゃない。次へ次へと動き続ける過程だ。私たちの営みは一人ひとりには限りがあるけれど、その思いは受け継がれていく。大磯町議会ではこれからもフェアで活発な議論が生まれ、熟議する議会として続いていくことだろう。ずっとそうやってきたのだから。

パリテの議会がある町で、女性が自分の声で生きているのを見てきた。私も今、自分の声を得て、肩の荷がひとつ降りた気がしている。私にとって書くことは学ぶことだと実感する。そうじゃないと、ただのツイ廃だからね。ちなみに、私が市民運動に参加していた東京・杉並区でも2023年4月、区議会でパリテが成立した。この議会がどう育っていくのか？　それも楽しみに見守っている。

取材では大磯町議員のみなさんと、議会事務局のみなさんに殊にお世話になりました。議会のキホンのキ、議会事務局の存在さえ知らなかった私に、みなさんが嫌な顔ひとつせず、ていねいにあれこれ教えて下さいました。ありがとうございます。町に住むみなさんも、お世話になりました。またお茶を一緒に飲みましょう。引き続きよろしくお願いします。編集担当の神山樹乃さんには長い期間に渡って並走し、アワアワする私をそれこそムツゴロウさんとなって「よぉ〜しよぉ〜し」となだめ、アドバイスをくれ、最初に思ったより、ずっと遠くに着地することができました。この本は私と神山さんの、二人の本です。ありがとうございます。そして左右社の小柳学さんには闇雲にパリテパリテ叫ぶ私の話を聞いてもらい、最初に議会に行く時に同行してもらい、勇気をもらいました。ありがとうございます。さらにデザインのアルビレオさん、イラストのいちろうさん、校正さん、本はひとりでは作れません。ありがとうございます。そして営業の青柳諒子さん、いつもお世話になってます。ありがとうございます。

2023年7月　さらに暑い夏にまた一つ年を重ねて58歳になった和田靜香

和田静香

WADA SHIZUKA

1965年生まれ。相撲・音楽ライターにして、政治ジャンルで『時給はいつも最低賃金、これって私のせいですか？　国会議員に聞いてみた。』『選挙活動、ビラ配りからやってみた。「香川1区」密着日記』（左右社）の2冊を上梓。異例のヒットとなり、累計3.6万部を突破する。今後は市民がつながるためのおしゃべり会を、公民館でやるつもり。

50代で一足遅れてフェミニズムを知った私がひとりで安心して暮らしていくために考えた身近な政治のこと

2023年10月1日　第一刷発行

著者
和田静香

発行者
小柳学

発行所
株式会社左右社
〒151-0051 東京都渋谷区千駄ヶ谷3丁目55-12 ヴィラパルテノンB1
TEL 03-5786-6030 FAX 03-5786-6032
https://sayusha.com/

印刷
創栄図書印刷株式会社

©Shizuka WADA 2023 Printed in Japan
ISBN 978-4-86528-386-0
乱丁・落丁のお取り替えは直接小社までお送りください。
本書の無断転載ならびにコピー・スキャン・デジタル化などの無断複製を禁じます。

和田静香の本

小川淳也取材協力

時給はいつも最低賃金、これって私のせいですか？
国会議員に聞いてみた。

定価1700円＋税［7刷］

2021.9

選挙活動、ビラ配りからやってみた。
「香川1区」密着日記

定価1600円＋税［2刷］

2021.12